GESTION ET MAXIMISATION DES PROCÉDURES DES MARCHÉS PUBLICS

Tome 7

Contrôle des procédures
&
Audit des marchés publics

Malick Guibril NDIAYE

GESTION ET MAXIMISATION DES PROCÉDURES DES MARCHÉS PUBLICS

Tome 7

Contrôle des procédures & Audit des marchés publics

Sénégal
L'Harmattan

10 VDN, Sicap Amitié 3, Lotissement Cité Police, DAKAR

senharmattan@gmail.com
senlibrairie@gmail.com

ISBN : 978-2-343-22675-0
EAN : 9782343226750

PRÉFACE

La régularité de la passation et de l'exécution des marchés publics est un sujet traditionnel de préoccupation dans un système des marchés publics, au regard, en particulier, du risque encouru. Les opérations de contrôle des marchés revêtent une très grande importance, en dépend la parfaite réalisation du marché, c'est-à-dire l'adéquation entre les besoins exprimés et la réussite de l'acte d'acquisition. Elles constituent les instants de validation des différents actes posés lors de l'expression du besoin, de la passation du marché, notamment au niveau du Dossier de mise en concurrence, du Dossier d'évaluation et du contrat, mais aussi lors de l'exécution technique et financière.

Un contrôle rigoureux, des différentes étapes du processus de passation des marchés, permet la mise en œuvre d'une politique d'achat efficace et efficiente. Pour le suivi et la vérification des processus, les agents des Cellules de passation des marchés et de la Direction centrale des marchés publics doivent disposer d'une vue d'ensemble du cadre juridique des marchés publics. Ils doivent maîtriser les différents modes de passation et les dispositions générales contenues dans les dossiers types.

En ce qui concerne la revue des marchés passés, le présent ouvrage a pour objet de donner une méthode pour l'audit opérationnel de ces marchés du point de vue de la passation et de l'exécution d'un marché public. Il est destiné à fournir à un auditeur ayant une connaissance de base du code des marchés publics, une méthode d'analyse et des référentiels de régularité, étayés par la connaissance des problèmes les plus souvent rencontrés. L'ouvrage donne des informations utiles sur l'organisation des travaux d'audit opérationnel des marchés. Un auditeur averti pourra l'utiliser en fonction du contenu de sa mission, pour structurer ses investigations, car, il est mis, à sa disposition, des éléments pratiques pour mener à bien sa mission.

L'état du système de contrôle préalable ainsi que les audits des marchés permettent d'informer de l'état du système des marchés publics ou d'un élément du système pour vérifier s'il correspond à certains critères voulus ; d'empêcher, de se produire, les possibilités ne correspondant pas au but voulu ; de favoriser et promouvoir les possibilités voulues ; d'améliorer les procédures ; de veiller à l'application correcte des principes directeurs que sont : la transparence, l'efficacité, l'équité et l'utilisation parcimonieuse des ressources publiques.

MGN

**** ***

PRÉSENTATION DE L'AUTEUR

M. Malick Guibril NDIAYE est un économiste planificateur diplômé de l'Université Cheikh Anta Diop de Dakar (UCAD). Il a commencé sa carrière administrative en 1980 à la Division de la Planification générale de la Direction de la Planification, au Ministère du Plan et de la Coopération.

Désigné représentant dudit Ministère à la Commission nationale des Contrats de l'Administration rattachée au Secrétariat général de la Présidence de la République, il s'est familiarisé aux procédures de la commande publique sur la période 1982-88 en qualité de vérificateur des procédures de passation des marchés.

M. NDIAYE c'est par la suite spécialisé en obtenant le certificat de l'Institut international du Droit du Développement devenu Organisation internationale du Droit du Développement (IDLO) à Rome, en Italie), sur les procédures des bailleurs et la passation des marchés et la conclusion des contrats internationaux de construction avec application des règles de la Fédération internationale des Ingénieurs-Conseils (FIDIC).

A partir de 1993, M. NDIAYE en qualité de spécialiste en passation des marchés, participé à la mise en œuvre de plusieurs projets de développement à savoir le :

- Projet d'Appui aux Groupements féminins, sur la période 1993 à 1999 sur financement de la Banque africaine de Développement (BAD) ; cumulativement à ses responsabilités d'expert en conception et évaluation de projets, il a déroulé toute la passation de marchés des composantes du projet ;
- Programme national d'Infrastructures rurales (PNIR) (2000-2005) financé par l'Association internationale pour le Développement du Groupe de la Banque mondiale ;
- projet « Gestion intégrée des Ressources marines et côtières (GIRMaC) » (2005-2006) financé par l'Association internationale pour le Développement du Groupe de la Banque mondiale ;
- Programme national de Développement local (PNDL) (2006-2007 ;
- Programme de Coopération Luxembourg-Sénégal (2007-2010).
  - le Projet régional des Pêches en Afrique de l'Ouest (PRAO-Sénégal) financé par l'Association internationale pour le Développement du Groupe de la Banque mondiale (2010 2017).

M. Ndiaye est certifié spécialiste en passation de marchés par le Centre africain d'Etudes supérieures en Gestion (CESAG) en 2000, par l'Institut Supérieur africain pour le Développement de l'Entreprise (ISADE) en 2001, par la Banque mondiale 2006, et par « Espace Scientifique et technique (EST) » Tunisie en 2013.

Il est accrédité Manager spécialiste en marchés publics par SETYM International en relation avec l'Université du Québec à Montréal sur la période septembre 2016 septembre 2021

M. NDIAYE fait partie du groupe d'experts choisis par l'Autorité de régulation des marchés (ARMP) Sénégal pour assurer la formation des agents des Autorités contractantes sur les procédures de marchés publics.

Il a pris part à la formation des cohortes d'assistants en marchés publics organisée par l'Office national de Formation professionnelle (ONFP) Sénégal.

Depuis l'année académique de 2003-2004 à nos jours M Malick Guibril NDIAYE est vacataire formateur en marchés publics à l'Institut Supérieur de Management (ISM). Il a en charge de dérouler le contenu de modules relatifs à la passation des marchés, aux procédures des bailleurs, à l'exécution technique et financière des marchés publics, au contrôle et à l'audit des marchés et enfin au " Partenariat public privé".

Plus d'une centaine de spécialistes en passation de marchés confirmés, pour lesquels il a participé à leur formation, sont en service dans au niveau de projets et programmes de l'Administration sénégalaise et des autres pays de la sous-région, mais aussi et des institutions sous régionales (BCEAO, BAD et CEDEAO).

★★★★ ★★★

PRÉSENTATION DE L'OUVRAGE

L'objectif de cet ouvrage ne consiste pas à analyser tous les cas qui peuvent se présenter dans le cadre du contrôle ou de l'audit des marchés publics, mais à apporter à travers les explications fournies, des réponses simples aux questions fondamentales qui peuvent être posées dans le cadre de l'audit de la passation et celui de l'exécution des marchés publics. C'est un recueil de bonnes pratiques, destiné, aux auditeurs, aux Autorités contractantes et autres praticiens, c'est-à-dire à ceux qui, sont actifs dans la conclusion, le pilotage et le contrôle des marchés.

COMMENT EST-IL ORGANISÉ ?

La première partie consacrée au contrôle des marchés met un accent particulier sur le respect de l'application des principes directeurs que sont : la transparence, l'efficacité, l'équité et l'utilisation parcimonieuse des ressources publiques. Un bon contrôle des marchés nécessite un environnement de travail où :

- l'intégrité ;
- l'éthique ;
- la compétence du personnel ;
- la philosophie et le style de management, des dirigeants ;
- la politique de délégation des responsabilités ;
- l'organisation de la formation en direction du personnel impliqué dans la passation des marchés, en sont les principaux déterminants.

Le contrôle qu'il soit a priori ou a posteriori est le principal facteur pour la survie du système des marchés publics, car il contribue à l'amélioration des performances, la préparation de dossiers fiables et fait respecter les principes et procédures définies par le Code des marchés publics, ses textes d'application et les Dossiers types adoptés.

La deuxième partie traite de l'audit des marchés. La présentation de l'audit des marchés est faite de manière graduelle, elle fournit les éléments sur l'histoire de l'audit et fournit des éléments d'appréciation pour, pouvoir caractériser les différents types d'audit et maîtriser les outils et techniques de l'audit opérationnel des marchés.

Ces différents outils ont trait au contrôle de la régularité ; de la sécurité ; d'observation ou de démonstration ; de mesure de performance des audités, processus et/ou entités ; mais aussi aux questionnaires d'audit (check-list) et à la feuille de révélation et d'analyse de problèmes (FRAP).

A la suite de la présentation de ces différents outils, il a été exposé le déroulement d'une mission d'audit des marchés avec ;

- la planification de la mission d'audit ;
- l'exécution de la mission, avec la revue des procédures ;
- la rédaction du rapport d'audit.

En annexes, il est fourni des fiches pratiques ou questionnaires d'audit, pour mener une mission d'audit des marchés publics.

COMMENT PEUT-ON L'UTILISER ?

On peut utiliser chacun des tomes de cet ouvrage de plusieurs façons :

- en faire une lecture exhaustive, du début à la fin, méthode fastidieuse, qui ne présente que peu d'intérêt, mais permet d'avoir une vue d'ensemble sur la passation des marchés ;
- rechercher dans chaque sommaire les pages en rapport avec une question que l'on se pose ;
- rechercher dans les approches proposées un chapitre, une page ou un ensemble de paragraphes apportant des éléments de réponse.

QUELLE EST SON AMBITION ?

Son ambition est de mettre à la disposition des intervenants dans le contrôle de la passation et l'audit des marchés, des informations et clarifications, permettant, de vérifier au mieux la conduite des procédures de passation des marchés avec en point de mire les trois principes Qualité- Economie-Efficacité. Son ambition s'arrête là.

★★★★ ★★★

TABLE DES MATIÈRES

**** ***

PREMIÈRE PARTIE

LE CONTRÔLE DES MARCHÉS

****** *****

CHAPITRE I
LES ORGANES DE CONTRÔLE DES MARCHÉS

Les pays de la sous-région ont procédé à la revue analytique de ses procédures de passation des marchés publics en suivant un long processus participatif impliquant l'Administration, les organisations professionnelles du secteur privé, les organisations de la société civile et les partenaires au développement. Cette démarche globale de maîtrise des risques dans les marchés publics a abouti à la création d'un système de contrôle qui a pour objectifs :

- la réalisation sécurisée de la commande publique par la diminution de l'exposition aux risques ;
- l'amélioration de la performance globale du Système des marchés publics par la diminution du nombre des incidents et le renforcement de sa fiabilité.

Cette maîtrise des risques se traduit par la mise en place d'un dispositif administratif s'assurant qu'au niveau de chaque Autorité contractante, il existe une description précise de l'organisation, des processus de travail et des types de contrôle permettant, si les prescriptions sont respectées, d'assurer la couverture des risques et de donner une assurance raisonnable du fonctionnement des marchés publics. Elle s'appuie sur les trois leviers du contrôle :

- la documentation sur les procédures ;
- la définition et l'organisation des tâches, des acteurs ;
- la traçabilité des opérations.

Les conclusions qui en ont découlé ont été validées par la plupart des gouvernements des pays africains notamment ceux de l'Afrique de l'Ouest et matérialisées par la formulation de nouveaux codes des marchés publics, l'adoption de dossiers types pour la correcte mise en application des procédures prévues et la mise en place un système de contrôle des marchés publics.

Le système de contrôle des marchés publics a à son niveau supérieur, une Autorité de Régulation des marchés publics (ARMP), constituée sous la forme d'une Autorité administrative indépendante et tripartite (Secteur public, Secteur privé, Société Civile), dotée de la personnalité juridique et de l'autonomie de gestion administrative et financière.

Au second niveau une Direction du Contrôle des marchés publics contrôler a priori suivant un seuil fixé la procédure de passation des marchés et des Cellules de passation des marchés auprès des Autorités contractantes pour assurer le contrôle des procédures de passation des marchés.

1.1 L'AUTORITÉ DE RÉGULATION DES MARCHÉS PUBLICS

1.1.1 Attributions de l'Autorité de Régulation des marchés publics.

L'Autorité de Régulation des marchés publics (ARMP) est une autorité administrative qui a pour principales attributions :

- la Régulation du Système de passation des marchés publics et des Délégations de services publics à travers l'émission d'avis, de propositions ou de recommandations dans le cadre de la définition des politiques et de l'assistance à l'élaboration de la réglementation la commande publique ;
- d'assurer en relation avec la Direction du Contrôle des marchés publics, la formation, l'information et le conseil de l'ensemble des acteurs de la commande publique sur la réglementation et les procédures applicables par l'édition et la diffusion des documents et des textes portant sur la passation des marchés aux fins d'information et de sensibilisation des acteurs de la commande publique sur la réglementation et d'en assurer la vulgarisation;
- l'exécution d'enquêtes, la mise en œuvre d'audits des procédures de passation des marchés publics ;
- le règlement non juridictionnel des litiges ;
- la sanction des irrégularités et le règlement à l'amiable des différends.

1.2 DIRECTION DU CONTRÔLE DES MARCHÉS PUBLICS

1.2.1 Missions-Direction du Contrôle des marchés publics.

La Direction du Contrôle des marchés publics (DMP) a pour missions :

- d'assurer le contrôle a priori des procédures de passation et d'attribution des marchés publics ;
- d'émettre des avis sur les décisions concernant l'attribution des marchés et d'accorder à la demande des Autorités contractantes, les autorisations et dérogations nécessaires prévues ;
- d'assurer, en relation avec l'Autorité de Régulation des marchés publics, la formation, l'information et le conseil des acteurs de la commande publique ;
- de contribuer, en relation avec l'Autorité de Régulation des marchés publics, à la collecte et à l'analyse des données ainsi qu'à l'établissement des statistiques sur les marchés publics ;
- d'effectuer un examen juridique et technique, avant leur approbation, des projets de marchés publics.

A travers ses attributions, la Direction du Contrôle des marchés publics occupe une position stratégique dans le dispositif de la réforme du Système des marchés publics en assurant :

- la validation et la publication des (PPM) ;
- la régularité des procédures et Dossiers d'Appel d'offres ;
- l'autorisation d'utiliser certaines procédures spécifiques ;
- et l'octroi des autorisations et dérogations.

La mission de veille au respect des dispositions réglementaires de passation des marchés publics assujettit les agents de la Direction du Contrôle des marchés publics à une obligation de conduite morale et professionnelle irréprochable. Il est adopté un Code d'éthique et de déontologie au respect duquel ils sont astreints.

Des pôles régionaux peuvent être mis en place, ils auront les mêmes attributions que la Direction du Contrôle des marchés publics. La mission de chaque pôle consiste à assurer le contrôle a priori des procédures d'émettre des avis sur l'attribution des marchés et de délivrer des autorisations et dérogations nécessaires au niveau de la zone sous son administration. Les pôles collectent et analysent les données sur les marchés publics et établissent les statistiques pour les besoins d'informations du système ; ils ont également un rôle d'appui-conseil et de formation pour l'ensemble des acteurs de la commande publique au niveau de la sous-région.

1.3 LA CELLULE DE PASSATION DES MARCHÉS.

La Cellule de passation des marchés ainsi qu'en dispose les Codes des marchés publics visités, est chargée de veiller à la qualité des dossiers de marchés préparés par l'Autorité contractante ainsi qu'au bon fonctionnement de la Commission de passation des marchés publics de sa structure de rattachement.

La Cellule de passation des marchés a pour mission d'aider l'Autorité contractante à assurer la conformité des dossiers aux procédures de passation des marchés indiquées dans le Code des marchés publics. A ce titre, elle est chargée, entre autres :

- de procéder à la revue préalable de tous les actes en matière de marchés publics, soumis à l'Autorité contractante avant leur transmission à la Direction du Contrôle des marchés publics;
- de donner son « avis de non-objection » sur les dossiers qui sont en dessous du seuil de « revue a priori » de la Direction du Contrôle des marchés publics ;
- d'assurer le secrétariat de la commission des marchés ;
- d'identifier les besoins de formation ;
- de centraliser, traiter et conserver, les données sur les marchés.

La Cellule de passation des marchés (CPM) procède, aussi, au niveau l'Autorité contractante dont elle relève, à la consolidation des Plans de passation des marchés publics et à l'élaboration des Avis généraux de passation des marchés.

Pour plus d'efficacité, dans leurs actions de tous les jours il est plus pertinent que les membres des Cellules de passation des marchés dépendent hiérarchiquement de la Direction du Contrôle des marchés publics. La Cellule de passation des marchés occupe une place stratégique dans le processus conduisant à la conclusion de contrats de marché public, à travers les différentes activités dont elle est chargée. Ces activités découlent des missions que sont :

- l'examen préalable de tout document, de marchés publics, à soumettre à l'Autorité contractante ;
- le classement et l'archivage de tous les documents relatifs aux marchés publics passés par les différents services d'une Autorité contractante ;
- l'établissement, en début d'année, du plan consolidé de passation des marchés de l'Autorité contractante ; et l'établissement de l'Avis général de passation des marchés et sa publication ;

- l'insertion des avis et autres documents relatifs aux marchés dans le Système de gestion des marchés publics (SYGMAP) ;
- la tenue du secrétariat de la Commission passation des marchés ;
- l'appui aux différents services pour la passation de marchés ;
- la réalisation et la tenue de tableaux de bord sur les délais de mise en œuvre des différentes étapes des procédures de passation et d'exécution des marchés ;
- l'identification des besoins de formation en matière de marchés publics ;
- la liaison avec les missions extérieures, notamment celles de contrôle ou d'audit des marchés ;
- l'établissement de rapports trimestriels sur la passation et l'exécution des marchés à l'intention des autorités compétentes pour transmission à la Direction du Contrôle des marchés publics et à l'Autorité de régulation des marchés publics ;
- l'établissement avant la fin du premier trimestre de chaque année à l'intention de l'autorité dont elles relèvent, de l'organe chargé de la régulation des marchés publics et de l'organe chargé du contrôle a priori, d'un rapport annuel sur l'ensemble des marchés publics passés l'année précédente.

**** ***

CHAPITRE II
LE CONCEPT DE CONTRÔLE

Dans le langage commun, le terme « *contrôle* » est porteur d'un sens bien précis ; héritier de son étymologie « contre rolle » du latin « rotullus », dans son sens premier est synonyme de **réviser, de surveiller d'examiner, de vérifier, de suivre, d'inspecter ou de superviser**.

Au terme « *control* », la langue anglaise associe le **sens de conduire, de direction ou action de maîtriser, de piloter, d'exercer une autorité, dominer**.

Un sens que l'on retrouve d'ailleurs en français dans l'expression : « prendre le contrôle d'une situation » ; qui signifie être capable de maîtriser une situation et de la diriger dans le sens voulu.

Tout contrôle vise à mesurer les résultats d'une action et à comparer ces résultats avec les objectifs fixés a priori pour savoir s'il y a concordance ou divergence.

N'a-t-on pas l'habitude d'entendre dire que toute commission de « contrôle » a pour mission de veiller à la régularité et à la conformité et la sincérité des opérations sous sa supervision.

2.1 ÉVOLUTION DU CONCEPT DE CONTRÔLE.

Le concept de contrôle s'est développé tout au long du XXe siècle, mais ses origines remontent avant cette date ; en attestent les thèses consacrées à l'émergence de techniques de gestion au cours des XIXe et XXe siècles.

Mais, la naissance de la fonction contrôle appliquée à la gestion peut être située âpres la crise de 1929 avec la création de l'institut des contrôleurs de gestion des Etats-Unis en 1931.

Il est vrai que, le concept de contrôle trouve son origine dans la comptabilité, car ce sont les experts du domaine qui assuraient la fonction de contrôle à l'intérieur des entreprises.

Toutefois, il s'est opéré un prolongement de la fonction de contrôle au-delà du rôle comptable et comprend désormais, l'enregistrement et l'utilisation de tous les faits pertinents concernant une entreprise afin de :

- protéger les activités de l'entreprise.
- se conformer aux exigences légales de conservation des enregistrements et de publication des rapports financiers.
- communiquer à la direction les informations qui l'aideront dans la planification et le contrôle des opérations.

2.1.1 <u>Le contrôle comme mode de supervision directe.</u>

Le contrôle perçu comme « mode de supervision directe des opérations dans une structure » désigne les dispositifs mis au point pour éviter et corriger les erreurs ou actions non conformes. Pendant longtemps, il était retenu que : « le contrôle consiste à vérifier si tout se passe conformément au programme adopté, aux ordres donnés et aux principes admis. Il a pour but de signaler les fautes et erreurs, afin que l'on puisse les réparer et en éviter le retour ».

L'**AICPA** (American Institute of certified public accountants) a introduit une autre vision du contrôle : *« qui désigne les dispositifs mis au point pour éviter et corriger les erreurs ou actions non conformes ».* En d'autres termes, dans une organisation, la supervision directe permettait à la hiérarchie de la voir fonctionner, et par des mécanismes mis en place il était possible d'empêcher ou détecter toute activité non autorisée.

Pour ce courant de pensée, les objectifs poursuivis étaient du ressort de la surveillance exercée par le chef et ses collaborateurs hiérarchiques. En effet, le contrôle était une supervision directe des activités répétitives à répercussions sur les engagements et sur la sauvegarde des actifs et se résumait à des inventaires physiques, rapprochements et recoupements comptables, vérification des tâches exécutées, etc. Il ne s'agissait que d'une activité complémentaire aux autres activités de l'entreprise.

2.1.2 <u>Le contrôle « outil de réalisation d'objectifs ».</u>

A la suite de « l'American Institute of certified public accountants », le concept de contrôle s'est élargi sans toutefois abandonner son sens originel. Autrefois, activité complémentaire aux autres activités de gestion, il devient une activité qui participe à ce processus notamment à l'atteinte des objectifs d'une structure.

Cette perception du concept de contrôle est préconisée par "l'Institute of international Auditors (IIA)" dans son ouvrage les « Normes internationales pour la pratique professionnelle de l'audit interne » dans lequel, le contrôle est défini comme : « Toute mesure prise par le management, le Conseil et d'autres parties afin de gérer les risques et d'accroître la probabilité pour que les buts et objectifs fixés soient atteints. »

Ainsi, le contrôle (entendu dans le sens de la maîtrise) résulte d'une planification, d'une organisation et d'une gestion convenable par l'organe de Direction. Il est courant d'entendre dire que la Direction planifie, organise, gère et contrôle. Il faut le comprendre sous l'angle que le contrôle fait partie intégrante de la planification, de l'organisation, de la gestion d'une organisation plutôt que comme une activité séparée.

On parle alors de « ***Contrôle satisfaisant*** » *lorsque le management s'est organisé de manière à apporter une assurance raisonnable que les risques que court l'organisation seront gérés efficacement et que les buts et objectifs seront atteints d'une manière efficace et économique.*

2.1.3 <u>Le contrôle comme processus de direction.</u>

L'augmentation des risques et la fréquence des défaillances, au niveau de plusieurs structures, a mis en évidence la nécessité de disposer d'outils de pilotage et de contrôle plus efficaces, qui permettent de limiter ces risques et d'optimiser l'efficacité des opérations au niveau d'une structure.

Aux États-Unis, dès 1985, la « Treadway Commission » a constitué un groupe de travail réunissant des chefs d'entreprises, de cabinets d'audit ainsi que des membres d'organisations professionnelles afin de préparer une étude sur le contrôle pour en définir les nouveaux concepts et l'approche de référence. Plus tard, les quatre (4) volumes de « *Internal Control intergrated Framework* » publiés aux USA en 1992 et traduits en français en 1994 sous le titre de Nouvelles Pratiques du contrôle interne (NPCI) sont le résultat de cette réflexion.

Ce document vise à donner l'assurance que toutes les personnes concernées par le processus de contrôle parlent le même langage et communiquent de façon plus efficace. Ainsi les dirigeants de structures devraient être en mesure d'évaluer leurs systèmes de contrôle par rapport à des normes standardisées, de les renforcer et d'atteindre plus rapidement les objectifs qu'ils se sont fixés.

Ce rapport, tiré de « ***Internal Control Integrated Framework*** » comporte une définition du contrôle basée sur un dispositif de contrôle adapté afin d'optimiser l'efficacité de la gestion et d'éviter les défaillances ou les fraudes. Il s'agit d'une architecture du « contrôle interne », permettant d'atteindre trois objectifs : l'optimisation et l'efficacité des opérations, la qualité des informations financières, la conformité à la réglementation. Ce rapport comporte également une description des nouveaux enjeux du contrôle en mettant en exergue :

- l'importance des systèmes d'information, dont le soutien est crucial pour leur performance, leur sécurité et leur continuité ;
- la nécessité de s'adapter en permanence à un environnement interne et externe en mutation ;
- l'extension des exigences de reporting au-delà de la communication financière (l'état de santé d'un système, etc.).

L'efficacité globale du contrôle est conditionnée par l'appréciation adéquate des risques stratégiques et opérationnels auxquels une organisation doit faire face.

2.1.4 <u>Le concept moderne du contrôle.</u>

Le contrôle dans son acception moderne est plus protecteur qu'inquisiteur, plus préventif que répressif. C'est par le caractère dissuasif du contrôle qu'une structure s'assure des garanties dont elle a besoin. Le rôle du contrôle n'est pas de sanctionner, mais de créer les conditions dans lesquelles les fraudes, les erreurs, les négligences, les gaspillages, etc. deviennent l'exception ».

Suivant son acception moderne, le contrôle est un terme générique utilisé pour désigner toutes les formes d'interventions ayant pour objet de comparer une situation donnée avec une situation qui doit être c'est-à-dire une situation de référence ou une situation normative. Le concept contrôle revêt au moins quatre (4) significations essentielles :

- **vérification :** ou rapprochement avec une situation de référence ;
- **maîtrise :** compréhension d'une situation donnée ou autocontrôle ;
- **régulation :** mise sous règles ou réglementation pour un fonctionnement correct ;
- **pouvoir :** prise d'informations en vue du pilotage ou de la direction d'une entité ou d'un système.

Le contrôle doit donc aboutir, si nécessaire, à un retour sur l'amont pour apprécier l'état d'application des décisions qui avaient été prises et les actions à entreprendre pour les rendre plus efficaces. Il peut alors être compris et analysé comme le respect d'une **norme** ; c'est un « **contrôle de régularité** » qui participe au « processus de la gestion » :

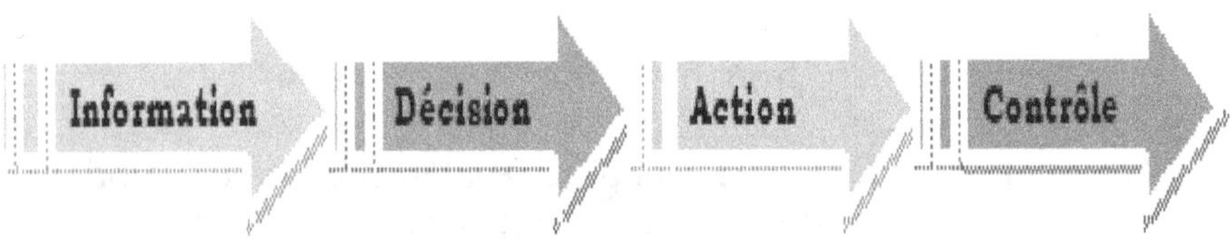

Sa participation au processus de gestion lui imprime un caractère dynamique ; c'est pourquoi il faut parler du processus de contrôle, car, il comprend toutes les étapes qui préparent, coordonnent, vérifient les décisions et les actions d'une organisation. Ce processus de contrôle comprend en général trois phases :

DÉCISION →	**ACTION →**	RÉSULTAT
(Avant)	**(Pendant)**	(Après)

On retrouve ces trois phases dans tout système où il y a une prise de décisions. Ainsi il est possible d'appliquer ces trois étapes sur les trois niveaux de décision mis en évidence par I. Ansoff : décision stratégique, décision tactique, décision opérationnelle.

La décision stratégique oriente les activités sur le long terme avec l'intégration de données futures en fonction d'un diagnostic.

La décision tactique ou gestion quotidienne ou courante suit les actions de court terme (un an) et très court terme (moins d'un an) : c'est alors un contrôle d'exécution.

La décision opérationnelle qui permet de réguler les processus répétitifs (productifs ou administratifs) en vérifiant que les règles de fonctionnement sont respectées.

Ainsi un « processus de contrôle distinct » peut être défini pour chaque niveau de décision. Avec un découpage temporel, il est possible de définir plusieurs niveaux de contrôle corrélés à chaque étape d'un processus. Dans cette décomposition du temps, le contrôle des procédures est alors positionné comme interface entre le contrôle stratégique et le contrôle opérationnel.

Ce contrôle des procédures appliqué à la passation des marchés peut être défini comme : « **La vérification du respect de l'application d'un ensemble d'instructions, de méthodes, de règles qui sont mises en place dans le cadre de la commande publique, pour la sauvegarde intégrale du patrimoine de l'État ».**

Appliqué à long terme ce contrôle des procédures de marchés publics, en tenant compte de l'environnement, participe à l'efficacité de l'État dans la réalisation de ses dépenses et à sa survie.

2.2 MISSION, DIMENSIONS, RÔLE ET OBJECTIFS DU CONTRÔLE DES PROCÉDURES DE MARCHÉS PUBLICS.

2.2.1 Mission du contrôle des procédures de marchés publics.

Le « contrôle des procédures de marchés publics » a pour mission de définir la stratégie à adopter pour orienter la passation vers la réalisation des objectifs de satisfaction du besoin dans les meilleurs délais et au moindre coût et avec une qualité maximale conformément aux prévisions.

Le « contrôle des procédures de marchés publics » doit assurer plusieurs tâches : la prévision, le conseil, la compétition, la réalisation et la mise au point des procédures.

Au niveau de la prévision : le « contrôle des procédures de marchés publics » doit s'assurer de la compatibilité des budgets et des besoins définis par les Autorités contractantes, d'apprécier les procédures permettant de les atteindre.

Au niveau du conseil : le « contrôle des procédures de marchés publics » doit fournir aux différentes autorités contractantes, les informations nécessaires à la mise en œuvre correcte des procédures de passation des marchés permettant d'améliorer leur politique d'achats.

Au niveau de la compétition : le « contrôle des procédures de marchés publics » doit faire en somme que la mise en concurrence et l'attribution des marchés se fassent en toute transparence avec une possibilité de recours pour tout candidat ayant soumis une offre, mais aussi, déterminer les responsabilités et assurer le suivi permanent des activités de passation des marchés par le biais du Système de gestion des marchés publics (SYGMAP).

Au niveau de la réalisation : le « contrôle des procédures de marchés publics » doit déterminer les responsabilités et assurer le suivi permanent des activités d'exécution des marchés.

Au niveau de la mise au point des procédures : la mission de « contrôle des procédures de marchés publics » consiste à recueillir les mauvaises pratiques et dysfonctionnements, à les analyser en relation avec l'Autorité de la régulation des marchés publics pour que la comparaison du système des marchés avec les standards internationaux soit homogène.

2.2.2 Dimensions du « contrôle des procédures de marchés publics »

Le « contrôle des procédures de marchés publics » peut donc être compris comme étant le dispositif mis en place pour une contribution active au pilotage global du Système de passation des marchés, dans une perspective d'amélioration de ses performances. Ce dispositif de « contrôle des procédures de marchés publics » a, trois dimensions :

- **une dimension « informative »** : s'informer sur l'état du système des marchés publics pour vérifier s'il correspond aux critères voulus ;
- **une dimension « négative » :** contrecarrer les pratiques non concurrentielles, pour qu'elles ne puissent pas prospérer ;
- **une dimension « positive » :** favoriser, promouvoir l'application bienveillante des procédures prévues.

Des points de contrôle constitués par la Direction du Contrôle des marchés publics et les Cellules de passation des marchés publics (CPM) auprès des autorités contractantes permettent de détecter, à temps voulu, tout dérapage par rapport aux objectifs de gestion des procédures et processus et d'en limiter les aléas.

2.2.3 Objectifs du « contrôle des procédures de marchés publics »

Du côté des objectifs poursuivis, le « contrôle des procédures de marchés publics » est mis en place pour aider à mieux gérer les processus d'acquisition de travaux, de biens et services. Ces objectifs sont classés en trois catégories :

- **des objectifs opérationnels** de réalisation et d'optimisation en termes de performance, de rentabilité et de protection des ressources étatiques contre d'éventuelles pertes ;
- **des objectifs de fiabilité de l'information** par la préparation de dossiers de marchés fiables et la prévention de leur falsification ;
- **des objectifs de conformité** et de respect des principes et procédures définis par un Code des marchés publics, ses textes d'application et les Dossiers types.

Ces objectifs sont déclinés et clairement communiqués à la Direction centrale des marchés et aux cellules de passation des marchés, en tant que points de contrôle, pour sonner l'alerte, par rapport aux risques liés à la passation et à l'exécution des marchés publics.

Cette mission de « contrôle des procédures de marchés publics » confiée à la Direction centrale des marchés et aux cellules de passation des marchés s'exerce sous forme d'examen ou de revue a priori ou a posteriori des différentes étapes de la passation des marchés ; ils concourent à :

- améliorer les performances par la mise en place de systèmes de prévention et de détection des irrégularités fraudes, dérapages et gaspillages ;
- sécuriser les opérations et donc l'information sur les engagements financiers et les décisions de l'État dans le cadre de la commande publique.

2.2.4 Autres aspects du « contrôle des procédures de marchés publics »

Trois autres aspects du « contrôle des procédures de marchés publics » et qui contribuent grandement à l'atteinte des objectifs du système des marchés publics méritent d'être développés.

2.2.4.1 Améliorer le système de procédures

Le développement du « contrôle des procédures de marchés publics », est un besoin de plus en plus fréquent, comme le montre l'évolution des missions confiées à des cabinets spécialisés, pour la mise en place des systèmes de prévention et de détection des erreurs, des irrégularités ou des fraudes, ou bien l'adaptation des flux d'informations aux opérations pour améliorer les performances des autorités contractantes.

2.2.4.2 Participer à la création de valeur ajoutée

Aujourd'hui, le « contrôle des procédures de marchés publics » est considéré comme un facteur de création de valeur ajoutée au même titre que toutes les opérations menées par les autres organes des structures administratives. En effet, de par la maîtrise des processus de passation et d'exécution, voire de « contrôle des procédures de marchés publics », il est créé de la valeur ajoutée en améliorant grandement les performances de la commande publique.

2.2.4.3 Aider au pilotage des mutations régionales

La déconcentration de pouvoirs et le transfert en régions d'une partie des centres de décisions ou de « contrôle des procédures de marchés publics » permettent de soutenir par le développement des marchés publics, l'émergence d'entreprises au niveau des collectivités territoriales et partant leur tissu industriel.

2.2.5 Environnement du « contrôle des procédures ».

L'environnement du « contrôle des procédures de marchés publics » est un élément très important puisqu'il détermine le niveau de sensibilisation et de participation des acteurs à la bonne marche et à l'efficacité du système des marchés publics. Il constitue le fondement de tous les autres éléments, en imposant discipline et organisation.

La pérennité et l'efficacité du système des marchés publics sont tributaires de cet environnement du « contrôle des procédures de marchés publics » qui doit s'appuyer sur :

- des comportements cohérents avec les engagements pris en faveur de valeurs basées sur l'éthique ;
- une instance de surveillance (Autorité de Régulation des marchés publics, conseil d'administration ou de surveillance ou autre) ayant l'indépendance requise pour assurer le suivi de l'efficacité du système des marchés publics ;
- des structures, des pouvoirs et des responsabilités clairement définis permettant d'atteindre les objectifs retenus ;
- des compétences adéquates et le devoir de rendre compte sur l'application des procédures et la réalisation des objectifs.

2.2.5.1 Environnement des marchés : Éthique et intégrité

L'éthique constitue une norme générale, qui définit la manière dont les acteurs, en tant qu'agents de l'état, et, le cas échéant, en tant que membres d'une structure de contrôle des marchés publics, devraient faire preuve de bon sens et de discrétion dans l'exercice des fonctions officielles.

Leurs décisions devront toujours être prises conformément à des procédures transparentes, simples et compréhensibles, tout en veillant à leurs responsabilités et ne dire que la vérité en ce qui concerne les motivations pour les actes posés.

2.2.5.2 Environnement des marchés : Compétence et formation du personnel.

Le professionnalisme dans les marchés publics implique la notion de valeurs partagées pour les agents des structures de contrôle avec des formations pointues pour acquérir des compétences fondamentales aux fins de pouvoir accomplir leurs fonctions. La raison qui sous-tend le professionnalisme est que les agents commis aux marchés publics doivent être neutres, impartiaux, justes, compétents et doivent que servir l'intérêt public.

La question du « contrôle des marchés publics » est au centre des priorités des pouvoirs publics notamment par la diffusion d'un ensemble de règles et de procédures visant à garantir la transparence, l'équité et l'efficacité.

Cependant, certaines pratiques mettent en péril l'efficacité du dispositif du fait de l'absence d'un cadre de détection et d'élimination systématique des offres avec des prix aberrants qui sont à la base du non-aboutissement de nombreux marchés de travaux. Plusieurs facteurs sont à l'origine de cette situation et les marchés publics constituent un domaine mal maitrisé et qui est caractérisé par :

Une réglementation de plus en plus complexe, ...

Tous les marchés passés en vue de la réalisation de travaux et de l'achat de fournitures ou de services par l'État et les Collectivités territoriales et les établissements publics, sont ce que l'on convenu d'appeler des « marchés publics ». Ces marchés sont soumis à la réglementation nationale (qui se présente souvent sous la forme d'un « Code » et ses textes d'application) qui est, en permanence, modifié pour tenir compte de l'évolution du droit de la concurrence, des contraintes économiques.

A cette réglementation s'ajoute celle d'autres formes d'acquisition nouées avec partenaires au développement pour constituer la grande famille de la Commande publique.

A ces règles se superposent celles qui découlent de la signature d'accords internationaux : Directives de l'UEMOA, Accords de l'Organisation Mondiale du Commerce (OMC), notamment, ainsi que de multiples protocoles internationaux ou bilatéraux, concernant la lutte contre la corruption, qui comportent tous, un chapitre consacré aux marchés publics.

..., difficile à connaître et surtout à comprendre.

Les « Codes » ou règlements élaborés par les différents Etats sont donc complétés par toute une série d'ajouts d'ordre législatif ou réglementaire pour tenir compte de l'évolution des réglementations nationale ou internationale. Les modifications apportées aux documents de référence sont souvent faites sous la forme d'ajouts ou de compléments sans véritable réécriture de l'ensemble des textes.

De ce fait, les acteurs publics de bonne foi ont beaucoup de mal à trouver, bien qu'elles figurent dans les documents existants, les dispositions spécifiques qu'ils doivent appliquer dans chacun des cas, toujours particulier, qui les intéresse à un moment donné. La sécurité juridique à laquelle ils aspirent est donc parfois loin d'être garantie.

...et un renforcement, de fait, du pouvoir des élus, ...

Simultanément, la décentralisation et la déconcentration gagnent du terrain sur une longue tradition centralisatrice, multiplient les centres de décision et rapprochent élus et administrés, Autorité contractantes et entrepreneurs. Elles tendent à renforcer les pouvoirs des élus qui ont ainsi vu s'accroître l'efficacité de leurs interventions, notamment, dans la vie économique.

En outre, dans certains cas, le cumul de leurs mandats leur permet de s'approprier des pouvoirs exorbitants puisqu'ils peuvent, tout à la fois, prendre des décisions d'investissements, choisir les titulaires des marchés (même si, pour ce faire, ils doivent respecter un certain nombre de procédures) et également présider ou participer aux décisions des organismes qui garantissent les emprunts des collectivités et de ceux qui attribuent des subventions ou des aides. Enfin, les contrôles auxquels ils sont soumis s'exercent, presque toujours, *a posteriori* et portent moins sur l'objet de la dépense que sur la forme des décisions d'utilisation des fonds.

...permettent de satisfaire des besoins qui augmentent, ...

Ce renforcement de leurs pouvoirs a permis à certains élus de créer, à leur profit, une forme de clientélisme auquel nombre d'entreprises en situation difficile sont tout à fait favorables tant qu'elles peuvent en bénéficier.

C'est souvent le cas de celles qui sont censées développer ou conserver l'emploi dans la circonscription l'Autorité contractante. Mais, le maintien au pouvoir exigeant des moyens de plus en plus importants, les tentations ont augmenté ainsi que les dérapages.

...et qui se manifestent même chez ***certains agents de l'État.***

Les agents de l'État ont été longtemps relativement épargnés par ces tentations car « servir l'État » était partout une vocation qui avait pour corollaire une parfaite intégrité des fonctionnaires. Il n'en est plus toujours ainsi.

L'homogénéité du recrutement et les facilités de passage entre la haute fonction publique et la direction des grandes entreprises conduisent, d'une part, à l'existence de liens privilégiés entre Autorité contractantes et dirigeants (issus d'une même université ou d'une même école) et, d'autre part, à des carrières dans lesquelles l'alternance entre public et privé est la règle.

Pourquoi alors s'étonner que les comportements de certains hauts fonctionnaires et ceux des dirigeants des grandes entreprises publiques et privées soient si semblables ?

Pourquoi aussi s'étonner que quelques fonctionnaires aient pu envisager de combler l'important écart salarial, à leurs yeux ; injustifié, qui sépare fonction publique et secteur privé ?

★★★★ ★★★

CHAPITRE III
LES PRINCIPES DU CONTRÔLE DES MARCHÉS

Les procédures de contrôle des marchés sont élaborées et doivent être appliquées, pour assurer que les mesures de réduction des risques, de réalisation des objectifs de la commande publique, sont exécutées efficacement. Le contrôle des marchés, à l'instar de la passation des marchés, s'appuie sur des principes généraux reconnus et recommandés par standards internationaux. Ces principes sont au nombre de huit :

1. le principe d'organisation ;
2. le principe d'intégration ou l'autocontrôle ;
3. le principe de permanence ;
4. le principe d'universalité ;
5. le principe d'indépendance ;
6. le principe d'information ;
7. le principe d'harmonie ;
8. le principe de qualité du personnel.

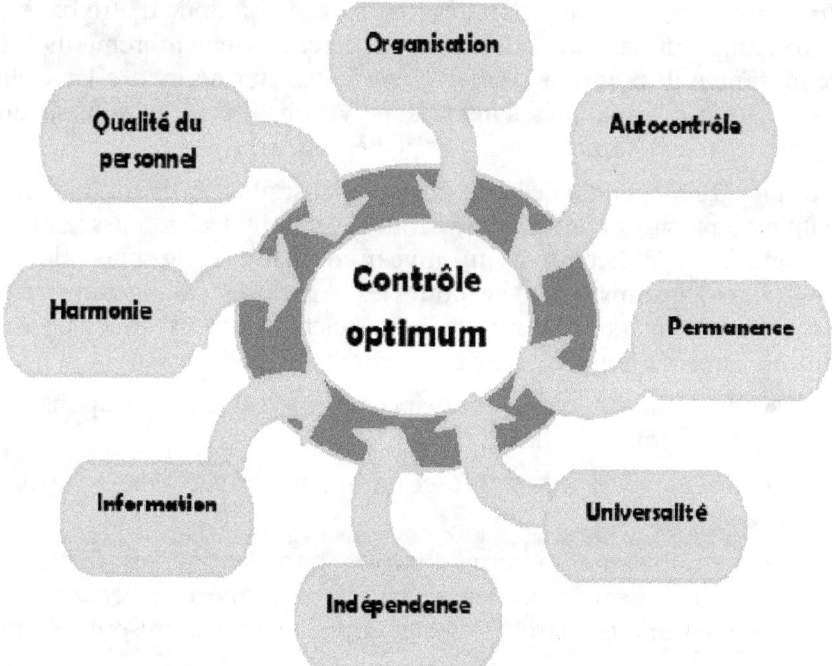

3.1 <u>PRINCIPE D'ORGANISATION.</u>

Selon H. FAYOL « ***On ne peut contrôler que ce qui est organisé*** ». Il est donc aisé de comprendre que pour contrôler une structure, un système, il faut que son organisation soit un préalable. L'environnement dans lequel les personnes accomplissent leurs tâches et assument leurs responsabilités ainsi que les qualités individuelles des collaborateurs et surtout leur intégrité, leur éthique et compétence en constituent le socle.

Le Système passation des marchés publics à l'instar des autres organisations est en parfaite harmonie avec cette assertion. Il nous est possible d'affirmer sans ambages qu'un système performant de contrôle des marchés publics doit être :

- **un préalable** qui doit être conçu avant le démarrage de toute activité qui s'y rapporte. Il ne doit pas être soumis à des réglages selon les circonstances.
- **adaptable** en tenant compte l'environnement, c'est-à-dire la pression que l'environnement exerce à l'interne (comportement des acteurs) comme à l'externe (prise en compte des accords ratifiés, des accords avec les bailleurs, etc.) ;
- **vérifiable** grâce à la traçabilité des opérations menées, ce qui permet de voir s'il n'existe pas de circuits ou pratiques parallèles.

L'organisation de la passation des marchés se doit donc d'être fixée dans un organigramme qui reflète les différents démembrements et/ou composantes. Il faudra à ce niveau surtout éviter de mettre les Cellules de passation des marchés sous la supervision directe ou sous la tutelle des services de l'Administration et de l'équipement.

Pour plus d'indépendance et d'efficacité, il est plus pertinent de mettre la Cellule de passation des marchés à un niveau de décision assez élevé en les rattachant directement au niveau décisionnel le plus élevé des départements ministériels et pour les structures ayant une certaine autonomie budgétaire. Pour un bon fonctionnement du dispositif de contrôle auprès d'une Autorité contractante, il est à prévoir :

- une définition claire et une bonne application des responsabilités qui lui sont dévolues ;
- une dotation en ressources humaines avec des compétences adéquates ;
- une diffusion à l'interne d'informations pertinentes, fiables, dont la connaissance permet à chaque personne intervenant dans la passation des marchés d'exercer pleinement ses responsabilités.

L'organisation de la passation des marchés au niveau des Autorités contractantes doit être formalisée.

Il doit y avoir une séparation convenable de trois fonctions fondamentales à attribuer à des agents ou acteurs différents pour éviter des erreurs, des négligences, des fraudes ou des dissimulations que favoriserait un cumul. Ces fonctions sont :

- la fonction « expression du besoin spécifique » et du contrôle du niveau de satisfaction par les opérationnels ;
- la fonction passation et contrôle du processus par les spécialistes en passation de marchés, les Cellules de passation des marchés et les Commissions de passation de marchés ;
- la fonction de détention de valeurs monétaires ou physiques ou fonction de conservation, par le comptable des matières.

La séparation des tâches est une mesure de contrôle fondamentale. Elle est utilisée pour veiller à ce que les agents impliqués dans la passation des marchés évitent ou détectent les erreurs et les irrégularités en temps opportun dans le cadre de leurs activités courantes. La séparation des tâches comporte deux avantages :

- elle rend la fraude intentionnelle difficile à réaliser parce que celle-ci nécessite une collusion entre deux personnes ou plus ;
- elle facilite la détection des erreurs commises en toute innocence.

Le non-respect de la séparation des fonctions peut engendrer des abus, des fraudes ou des erreurs sans que ces dangers ne soient décelés à temps. Un contrôle efficace est un contrôle qui peut détecter les défaillances au moment où elles se produisent.

3.2 PRINCIPE D'INTÉGRATION OU D'AUTOCONTRÔLE.

Les activités de contrôle des marchés sont menées au niveau hiérarchique et fonctionnel et comprennent des actions aussi variées « que transmettre, valider, approuver, autoriser, vérifier, rapprocher et apprécier les performances opérationnelles ».

Un dispositif de contrôle doit comprendre des procédures d'autocontrôle qui permettent de déceler les anomalies par des processus routiniers tels que :

- les recoupements (comparer une facture et le bon de commande),
- les contrôles réciproques par système de preuve (justificatifs de traitements, signatures, cachets et décharges).

Ce principe, appelé aussi principe d'intégration, doit résulter directement de l'application des manuels de procédures mises en place ou des pratiques administratives consacrées.

Ce principe d'autocontrôle est effectué au niveau de la quasi-totalité des structures à vocation financière, la Cellule de passation des marchés, les services de l'Administration générale et de l'équipement, les inspections financières, la comptabilité ou le contrôle interne s'il en existe.

Le Conseil Supérieur de l'Ordre des Experts Comptables dans son ouvrage précité précise que : *« Toute vérification qui a lieu au cours du déroulement des procédures illustre le principe d'autocontrôle qui se manifeste par des recoupements, des contrôles réciproques .... ».*

Selon ALAIN MIKOLE « *le recoupement consiste à comparer des informations qui doivent être semblables alors qu'elles figurent dans des documents différents* ».

Le recoupement s'illustre donc, pour un achat donné, par la confrontation entre le bon de commande, la facture du fournisseur, le bordereau de livraison et le bon de réception du magasinier ou du comptable des matières.

En dehors des opérations de contrôle sur les procédures et autres éléments de procédures, un système de contrôle des marchés publics doit lui-même être contrôlé pour déceler les dysfonctionnements dans sa conception, mais aussi pour qu'en soient évaluées dans le temps ses performances qualitatives. Pour cela, il convient :

- de mettre en place un système de suivi permanent comme le SYGMAP (Système de gestion des marchés publics) géré par la Direction de Contrôle des marchés publics comme au Sénégal;
- de procéder à des évaluations périodiques par la transmission, suivant une périodicité trimestrielle, de tableaux synoptiques sur l'exécution des marchés ;
- de combiner les deux méthodes.

L'étendue et la fréquence des évaluations périodiques d'un système dépendent de l'évaluation des risques, de l'efficacité du processus de surveillance permanente.

Le contrôle permanent, qui détermine la santé d'un système s'inscrit dans le cadre de ses activités courantes. Appliqué aux marchés publics, il comprend des contrôles réguliers effectués par :

- les cellules de passation des marchés, tout au long du processus ;
- les autres composantes de l'Autorité contractante au moment de la détermination et de la confirmation des besoins ou à l'apposition des différents visas durant les processus de passation et d'exécution ;
- la Personne responsable des marchés publics et autres Autorités en charge de l'approbation ou du contrôle de légalité.

3.3 LE PRINCIPE DE PERMANENCE.

Le principe de permanence dans les marchés publics signifie que d'un dossier à un autre les méthodes de contrôle prévues doivent être utilisées. Le principe de permanence des méthodes permet la comparabilité du traitement des dossiers de même nature et pour une même catégorie suivant une même procédure. Le mode opératoire du contrôle doit être maintenu pour une même procédure.

Mais si des modifications ont dû, pour des raisons exceptionnelles, être apportées dans les méthodes, procédures et règles appliquées, elles doivent être explicitées dans une annexe. Le principe de permanence fait donc, que l'on doit s'appuyer sur des procédures stables et appliquées en permanence (Directives des bailleurs, les Codes de marchés publics.)

Naturellement, le respect du principe de permanence ne doit pas conduire à la création d'une règle de rigidité qui interdirait toute adaptation des procédures à l'évolution de l'environnement ou des outils de travail.

Les documents sur la commande publique font l'objet d'adaptations régulières (différentes éditions ou versions des Directives et codes des marchés publics) pour tenir compte de l'évolution économique et des accords ratifiés.

Le contrôle doit être effectif pour tout dossier qui tombe sur le coût des seuils de revue que ce soit a priori ou a posteriori. Le contrôle des marchés publics est exercé tout le temps, chaque jour, chaque mois et chaque fois que de besoin, quelle que soit l'Autorité contractante initiatrice.

3.4 LE PRINCIPE D'UNIVERSALITÉ.

Ce principe signifie que le contrôle des marchés publics concerne toutes les Autorités contractantes, en tout temps et en tout lieu, c'est-à-dire qu'il ne doit pas y avoir de structures ou composantes (y compris les personnes) exclues du contrôle, par privilège, ni de domaines réservés ou d'établissements mis en dehors du contrôle des marchés publics. Il n'y a pas de marchés publics, ni d'Autorités contractantes ou de procédures réservés ou en dehors du contrôle a priori ou du contrôle a posteriori exercé par la Direction du Contrôle des marchés publics.

Il n'y a pas de moment où les procédures ne sont plus appliquées publics (voir également le principe de permanence), il n'y a pas non plus de processus de passation de marchés exclu. Le contrôle des marchés publics doit couvrir l'ensemble des procédures de passation et doit s'appliquer à tout moment, quelle que soit l'Autorité contractante. Parmi tous les principes de contrôle des marchés, celui-ci est sans aucun doute le plus violé par les responsables eux-mêmes pour des raisons, disent-ils, de confidentialité ou de contraintes liées au temps.

3.5 LE PRINCIPE D'INDÉPENDANCE

Le principe d'indépendance du contrôle des marchés publics s'apprécie par rapport aux moyens. « Le principe d'indépendance implique que les objectifs de contrôle des marchés publics sont à atteindre :

- indépendamment des procédures, des processus, méthodes, et moyens utilisés par une Autorité contractante » ;
- mais aussi, quel que puisse être la qualité, le rang, le niveau de responsabilité dans les affaires de l'État de l'initiateur ou de la personne responsable du marché.

En d'autres termes, quels que soient les moyens utilisés pour conclure des contrats et quel que soit son initiateur, les objectifs de sauvegarde du patrimoine de l'État, de transparence dans les procédures et d'efficience des opérations, doivent être atteints.

3.6 LE PRINCIPE D'INFORMATION

Un système des marchés performant doit reposer sur un échange d'informations nécessaire à la conduite et au contrôle des processus de passation et de gestion des marchés.

La Direction du Contrôle des marchés publics et les Cellules de passation des marchés doivent échanger des informations objectives avec les Autorités contractantes à chaque étape du processus de passation des marchés.

Cette objectivité signifie surtout, une impartialité dans le message véhiculé. Aucun sentiment ne doit guider les personnes en charge du contrôle des marchés publics, si ce n'est de fournir par rapport aux dossiers examinés, la bonne information. L'information à fournir aux Autorités contractantes doit être objective, pertinente, utile et communicable.

Pertinente est une information quand elle est adaptée à son objet et à son utilisation. Elle doit être disponible et accessible. Selon le Dictionnaire Robert, la pertinence est « ce qui convient exactement à l'objet dont il s'agit »

Utile, car elle rejoint la signification pertinente qu'elle a pour son destinataire direct, non redondant, économique, car son coût est en rapport avec ce qu'elle apporte. C'est l'information dont « l'usage satisfait un besoin ». Il faut éviter les retours de dossiers qui font perdre une semaine à quinze jours, pour des observations de pure forme.

Objective, parce que non déformée volontairement à des fins particulières ; par exemple, ne pas faire des observations sur des spécifications données par l'autorité contractante dans le seul but de les mettre en phase avec celles d'un équipement proposé par un soumissionnaire ;

Communicable, car suffisamment détaillée, claire et explicite et relève uniquement les renseignements et faits significatifs pour éclairer sans ambiguïté l'autorité contractante dans ses prises de décisions ;

Vérifiable, parce que basée sur des références appropriées avec des renvois à des articles d'un code des marchés publics ou, à des clauses des dossiers types ou autres références écrites qui permettront de justifier ou d'authentifier l'information donnée ou les observations formulées.

Les opérationnels au niveau d'une Autorité contractante, doivent être en mesure de faire remonter les informations importantes ceci dans le but de satisfaire les besoins d'une communication efficace, à la fois ascendante, descendante et horizontale sur les termes de références ou spécifications suivant leur version finale, les rapports d'évaluation (sans bris de confidentialité), les bordereaux de livraison et de transfert de propriété et les copies des contrats et avenants.

Le principe d'information requiert une communication efficace entre agents d'une même structure et l'autorité de tutelle, mais aussi avec les tiers, tels que clients, fournisseurs, ou partenaires. Lorsque l'information fournie par le système est objective et pertinente, elle devient forcément utile aux décideurs.

L'information pertinente, recueillie et diffusée dans des délais permet à chacun d'assumer ses responsabilités. Les agents au niveau d'une autorité contractante doivent comprendre le rôle qu'ils jouent dans le système de contrôle des marchés, ainsi que la relation qui doit exister entre leurs propres activités et celles du personnel en charge des marchés publics.

3.7 LE PRINCIPE D'HARMONIE

Selon le Dictionnaire Robert, l'harmonie se définit comme étant les ''relations existant entre les diverses parties d'un tout et qui font que ces parties concourent à un même effet d'ensemble''.

Le principe d'harmonie est probablement le principe le plus méconnu, ou le moins bien compris : le contrôle des marchés n'implique, en aucun cas, une multiplication aussi inutile que coûteuse, de procédures lourdes ou redondantes. Le contrôle des marchés publics doit, au contraire, être adapté à l'importance des risques qu'il évite par rapport au coût de sa mise en œuvre.

On retrouve ici la notion d'efficience et sa différence avec celle de l'efficacité. L'efficacité correspond au degré de réalisation d'un objectif ; c'est le fait d'atteindre un but. L'efficience tient compte des moyens mis en œuvre. Une procédure d'acquisition est plus efficiente par rapport à une autre si, aboutissant au même résultat, la première est moins chère ou requiert moins de temps pour boucler la procédure.

3.8 LE PRINCIPE DE QUALITÉ DU PERSONNEL.

L'efficacité d'un système des marchés publics dépend surtout de la qualité et de la qualification du personnel qui assure son fonctionnement. Tout système de contrôle des marchés qui n'a pas un personnel compétent est voué à l'échec.

La compétence du personnel peut être améliorée par une politique de recrutement, par la formation académique, mais aussi, renforcée et soutenue par la formation continue des cadres recrutés pour assurer de telles fonctions.

La complexité croissante des activités de passation, d'exécution et de gestion des marchés ne cesse de faire croître le nombre de personnes désireuses d'être formées. Cette formation ne doit pas se limiter à initier les intéressés aux particularités de leur tâche. Elle consiste aussi à leur montrer la place qu'ils occupent dans l'ensemble du Système des marchés Publics.

Il faut nécessairement un personnel professionnellement qualifié et honnête, donc une gestion rigoureuse des ressources humaines que ce soit, au niveau du recrutement, de la formation, de la motivation, du climat social et de la gestion des carrières.

Les missions doivent être remplies avec compétence et conscience professionnelle. Les personnes commises au contrôle des marchés publics doivent posséder les connaissances nécessaires à l'exercice de leurs responsabilités individuelles et doivent apporter, à leur travail, la diligence et le savoir-faire que l'on peut attendre d'un spécialiste raisonnablement averti et compétent. La conscience professionnelle n'implique pas l'infaillibilité.

**** ***

CHAPITRE IV
MODES DE CONTRÔLE DES MARCHÉS PUBLICS

Les différents types de contrôle des marchés publics servent à l'identification des zones à risques ou des performances insuffisantes, lesquelles sont analysées. Il en est tiré des conclusions et des enseignements pour que les objectifs de passation des marchés ne puissent être affectés.

Tout l'arsenal juridique actuel relatif aux marchés publics dans la plupart de nos pays refuse le cumul des responsabilités et fait la séparation des fonctions de passation ; de contrôle ; de régulation et d'approbation exercées chacune par les organes séparés pour mieux promouvoir la transparence et la lutte contre toutes les tentatives de corruption dans le système des marchés publics.

Les fonctions d'assistance à la passation y compris celle de la préparation et de suivi de l'exécution des marchés publics sont confiées à des Cellules de passation des Marchés Publics qui sont à chaque Autorité Contractante au niveau central de la Présidence, de la Primature, de chaque ministère, entreprise, établissement et service publics, au niveau des régions et des entités territoriales décentralisées ainsi que des délégations de service public.

Les fonctions de contrôle a priori et des avis de non objection sont assurées par une Direction ou organe en charge du contrôle des Marchés Publics (DCMP) qui est généralement sous tutelle du ministre des finances. Les fonctions d'approbation des marchés sont confiées à des autorités différentes que celles qui sont à l'origine du processus de passation des marchés. Les fonctions de la régulation et le contrôle a posteriori sont confiées à une Autorité de Régulation des Marchés Publics dans chacun de nos pays notamment ceux membres de l'UEMAO.

Cette Autorité de Régulation des Marchés Publics est créée en vue d'accroître la transpar**ence, l'efficacité et la promotion de l'anticorruption.**

A ce titre, elle :

- définit les politiques et la règlementation en matière de marchés publics conformément aux dispositions du code des marchés, ses textes d'application et les standards internationaux ;
- contribue à l'information, à la formation et aux appuis techniques de l'ensemble des acteurs de la commande publique ;
- initie les audits et les contrôles à posteriori des marchés publics ;

- statue dans le domaine du règlement non juridictionnel sur tous les litiges nés de la passation et de l'exécution des marchés publics.
- fait des statistiques des marchés publics par les enquêtes, suivi de la performance, en imposant obligatoirement la publicité et la publication de PPM, des avis d'appel d'offres sur le site dédié aux marchés publics.

Les candidats, et les titulaires de marchés publics doivent respecter les règles d'éthique professionnelle les plus strictes durant la passation et l'exécution de ces marchés.

Tout candidat à un marché public doit fournir une déclaration attestant qu'ils ont pris connaissance des dispositions relatives aux marchés publics, en matière de corruption, de collusion et de toutes autres pratiques contraires à l'éthique et qu'ils s'engagent à les respecter.

Des sanctions sont prononcées par le Comité de Règlement des Différends de l'Autorité de Régulation des Marchés publics à l'égard des agents ou candidats et titulaires de marchés en cas de constatation de violations des règles procédurales et éthiques de passation des marchés publics commises par les intéressés.

5.1 LES DIFFÉRENTS TYPES DE CONTRÔLE DES MARCHÉS PUBLICS

Il existe plusieurs types de contrôle des marchés :

- le contrôle interne a priori par la Cellule de passation des marchés publics ;
- le contrôle interne a posteriori par la Cellule de passation des marchés publics ;
- le contrôle a priori par la Direction en charge du contrôle des marchés publics et au besoin le contrôle exercé par les bailleurs ;
- le contrôle a posteriori par Direction en charge du contrôle des marchés publics et au besoin le contrôle exercé par les bailleurs.

Quel que soit le type de contrôle exercé, il doit s'appuyer sur un ensemble de principes clairs, compréhensibles, et reconnus. Ces principes simples sont :

- de la liberté d'accès aux marchés publics,
- de l'égalité de traitement des candidats,
- du contrôle citoyen des procédures mises en œuvre : publicité des offres, mise en concurrence des fournisseurs, transparence des choix effectués.

Le contrôle des marchés permet de faire respecter les principes directeurs admis pour la passation des marchés que sont :

- **la transparence** par la publication des plans de passation de marché ; des avis généraux de passation de marché ; des avis d'attribution provisoire et définitif et l'information des candidats des motifs de rejet de leurs offres, mais aussi, la possibilité de recours à tous les stades de la procédure.
- **l'équité** par l'élaboration de spécifications techniques neutres ; l'application de critères d'évaluation pertinents ; l'adoption de critères de qualification compatibles avec la nature, le montant et les spécificités du marché ;
- **l'efficacité** grâce à un choix convenable du mode de passation pour une satisfaction correcte des besoins.

4.1 LE CONTRÔLE INTERNE DES MARCHÉS.

Le contrôle des marchés est l'affaire de tous, des organes de gouvernance à l'ensemble des collaborateurs au sein d'une Autorité contractante. Le contrôle interne des marchés se définit comme la volonté affichée, au niveau des Autorités contractantes, de donner aux Cellules de passation des marchés, la possibilité d'examiner, au préalable, tout dossier à soumettre ou non à la Direction en charge du Contrôle des marchés publics.

Le dossier de marché est contrôlé sur le fond, il s'agit d'une revue systématique et intégrale. Ce contrôle est conçu pour réaliser la maîtrise des opérations de passation de marchés au regard des principes de transparence, d'équité et d'efficacité. Il est distingué deux types de contrôle interne des marchés :

- le contrôle interne a priori ou contrôle de prévention est exécuté sur toute la procédure ou l'ensemble de processus de passation des marchés pour garantir le respect des procédures ;
- le contrôle interne a posteriori ou contrôle de détection est exécuté au terme d'une procédure pour s'assurer que les processus ont été bien menés et les règles édictées respectées.

4.1.1 Le contrôle interne a priori des marchés

Le contrôle interne a priori est exercé par une structure administrative (cellule de passation des marchés) sous la tutelle d'une Autorité contractante. Il lui est soumis tous les dossiers de passation des marchés, quel que soit le seuil. Le Responsable de la Cellule de passation des marchés doit être une personne à la tête d'une équipe très au fait des procédures nationales de passation des marchés, mais aussi des principaux bailleurs et avoir un temps de réaction acceptable par rapport aux dossiers soumis, pour participer à l'efficacité recherchée dans la passation des marchés.

4.1.2 Le contrôle interne a posteriori des marchés

Pour s'assurer que les procédures sont appliquées, la Personne responsable des marchés publics confie la supervision des opérations d'achat, à la Cellule de passation des marchés qui les suit de façon permanente et produit un rapport qui liste les structures défaillantes et précise la nature des manquements constatés.

Ce contrôle interne a posteriori s'exerce sur toutes les opérations d'achat qui n'avaient pas été soumises à une revue a priori de la Cellule de passation des marchés.

Ce contrôle a posteriori rapproché constitue un raccourci pour les missions ultérieures que ces missions soient conduites par le bailleur ou par un contractuel commis par l'Autorité de Régulation des marchés publics (ARMP).

4.2 CONTRÔLE EXERCE PAR LA DIRECTION DU CONTRÔLE DES MARCHÉS PUBLICS

4.2.1 Contrôle préalable des Plans de passation des marchés et de l'Avis général de passation des marchés.

Le contrôle préalable ou de premier niveau qui porte sur plusieurs étapes de la passation des marchés :

- ***1re étape*** : Elaboration d'un Plan de passation des marchés (PPM) sous peine de nullité de tout marché passé ultérieurement ;
- ***2e étape*** : Publication d'un Avis général de passation des marchés (AGPM) chaque année ;

4.2.1.1 Contrôle du plan de passation de marchés.

Le premier niveau de contrôle des marchés est effectué avec le plan passation de marchés élaboré par l'Autorité contractante et transmis à la Direction du Contrôle des marchés publics. Il est dans les bonnes pratiques d'établir chaque année, en fonction des ressources budgétaires des projections à partir desquelles l'Autorité contractante devra assurer le développement de ses activités.

Lors de l'établissement de leur budget, les Autorités contractantes évaluent le montant total des marchés de fournitures, par catégorie de produits, des marchés de services par catégorie de service et des marchés de travaux qu'elles envisagent de passer au cours de l'année concernée et établissent un Plan de passation des marchés (PPM).

Ce Plan de passation des marchés est élaboré à partir du modèle type adopté par l'Autorité de régulation des marchés publics. Ce Plan de passation des marchés doit comprendre l'ensemble des marchés à passer au cours de l'année budgétaire correspondante.

4.2.1.2 Contrôle de l'Avis général de passation des marchés.

Le second niveau de contrôle préalable des marchés est effectué sur la publication d'un Avis général de passation des marchés (AGPM). A partir du Plan de passation des marchés, approuvé par le bailleur ou au niveau national, par la structure chargée du Contrôle des marchés publics, l'Autorité contractante recense l'ensemble des marchés à passer et les inscrit dans l'Avis général.

Cette inscription se fait suivant les différentes catégories de prestations envisagées. Les marchés à passer y sont décrits sommairement, il est également présenté les modes de passation qui seront utilisés. Tous les avis spécifiques ultérieurs rappelleront les références de l'Avis général de passation des marchés et communiqueront sa date de parution ainsi que le journal de parution. En l'absence de publication d'un Avis général, le Plan de passation de marchés ne peut être déroulé et aucun marché ne peut être passé.

Le contrôle externe est une opération de vérification de la régularité de la passation des marchés par rapport aux règles édictées par la structure extérieure à l'Autorité contractante, mais qui appartient au Système des marchés Publics. Il s'agit du contrôle effectué par la Direction du Contrôle des marchés publics et pour les bailleurs de l'équipe « Procurement » ou des spécialistes en marchés publics.

La Direction du Contrôle des marchés publics procède, systématiquement, à l'examen a priori des Dossiers d'appel d'offres y compris le rapport d'analyse comparative des offres et l'attribution des marchés publics pour les contrats d'un montant (estimé) supérieur à des seuils fixés par catégorie d'Autorité contractante.

Les marchés dont le montant estimatif n'atteint pas les seuils de revue a priori définis pour la Direction du Contrôle des marchés publics par le Code des marchés publics sont soumis au contrôle de la Cellule de passation des marchés auprès de chaque Autorité contractante. Ces mêmes marchés seront soumis à un contrôle de routine de la Direction du Contrôle des marchés publics avant la numérotation des contrats.

4.2.2 Contrôle a priori de la Direction des marchés publics.

Une revue a priori est déterminée par des dispositions spécifiques d'un accord de crédit, ou les textes d'application du code des marchés. Elle repose sur des mesures qui permettent d'évaluer le bon déroulement des opérations au regard du respect des principes directeurs de passation des marchés, en tenant compte des critères consignés dans les dossiers types, mais aussi des bonnes pratiques en la matière.

Le contrôle, sur la passation des marchés, exercé par la Direction du Contrôle des marchés publics, porte sur trois niveaux.

4.2.2.1 Le premier niveau de contrôle a priori.

La Direction du Contrôle des marchés publics fait un examen préalable sur les dossiers de marchés. Il est délivré un quitus par rapport à la qualité de chaque dossier, par l'émission d'un avis sur le fonds et sur la forme du dossier avant le lancement de la procédure de passation des marchés. Cet avis préalable concerne :

- les dossiers de passation de marchés publics ;
- les conventions de délégation de service public et de partenariat public privé ;
- les avenants aux marchés qui ont pour effet de porter le montant du marché au niveau du seuil de contrôle a priori.

a) Revue systématique et intégrale des dossiers de mise en concurrence.

Cette revue se fait en conformité avec les bonnes pratiques administratives, les dispositions pertinentes du Code des marchés publics ou en tenant compte des différentes procédures prévues ou acceptées d'accord-parties avec un partenaire au développement. Les points de contrôle exercés par la Direction centrale des marchés sur les dossiers de mise en concurrence ont trait à :

- l'expression de la garantie de soumission en valeur absolue (dans la limite du pourcentage autorisé par rapport au montant estimatif du marché) et sa durée de validité ;
- la neutralité absolue des spécifications techniques ;
- la non-orientation des critères d'évaluation et de qualification ;
- l'exhaustivité des pièces administratives demandées ;
- l'applicabilité des critères de soumission et de qualification prévus dans le Dossier d'Appels d'offres (DAO) ;
- l'utilisation d'un système d'évaluation approprié ;
- le respect de la coïncidence entre la date limite de dépôt des offres et la date d'ouverture des plis ;
- la conformité des clauses contenues dans les Cahiers des Clauses administratives générales et les Cahiers des Clauses administratives particulières (CCAG et CCAP) ;
- l'insertion de clauses minimales dans le projet de contrat de marché telles que :
    - l'objet du contrat ;
    - les garanties ;
    - la durée du contrat ;
    - les conditions de paiement ;

- les pénalités ;
- la résiliation ;
- les conditions de nantissement du contrat ;
- le règlement des litiges.

• le taux exigé pour la Garantie de Bonne Exécution si requis ;
• la retenue de garantie lorsqu'un délai de garantie est prévu ;
• un strict l'équilibre entre les parties au contrat.

4.2.2.2 Deuxième niveau de contrôle : les procédures dérogatoires.

Un avis est obligatoirement émis sur les procédures dérogatoires notamment les marchés par Entente directe en s'assurant que l'objet de la requête s'inscrit dans les cas limitativement énumérés par le Code des marchés publics ou par les Directives du bailleur et qui concernent l'exclusivité, les marchés complémentaires ou une urgence impérieuse. Ce contrôle spécial porte sur :

• les marchés dits secrets, de défense ou de sécurité nationale ;
• les appels d'offres restreints, les appels d'offres infructueux et les appels d'offres sans suite ;
• la passation des conventions de délégations de services publics ou de partenariat public privé.

4.2.2.3 Troisième niveau de contrôle : Le contrôle juridique.

La Direction du Contrôle des marchés publics effectue un examen de troisième niveau qui consiste en un examen juridique et technique sur les projets de contrat.

L'examen juridique et technique est effectué sur les projets de marchés avant leur approbation. Il est aussi appliqué aux marchés par Entente directe et aux marchés présentant un coût exceptionnellement élevé.

En dehors des avis préalables lors de la passation des marchés, la Direction du Contrôle des marchés publics procède à une revue préalable de dossiers pour la conclusion d'avenants, pour les appels d'offres en deux étapes ou l'Appel d'Offres restreint, l'Appel d'offres sur concours.

Il en est de même pour les offres spontanées, les contrats de délégation de services publics et de partenariat public privé ou la conclusion de contrat en cas d'urgence dûment motivé ou pour toute réduction de délai (entre la date de publication de l'Avis et celle du dépôt des offres).

4.2.3 Le contrôle a posteriori par la Direction du Contrôle des marchés publics.

La Direction du Contrôle des marchés publics effectue un examen avant la conclusion du marché, des rapports d'analyse comparative d'offres ou de propositions et des procès-verbaux d'attribution provisoire établis par les commissions des marchés.

Pour le contrôle avant la conclusion des marchés, il est important de fixer les seuils à des niveaux ou le risque de dérapage ne saurait porter de grands dommages par rapport aux niveau financier. Ils doivent être fixés en tenant compte, à la fois, de l'option de responsabilisation des autorités contractantes et du souci d'éviter des délais supplémentaires, dans la passation de marchés courants, mais aussi pour diminuer le volume de marchés à examiner par la Direction du Contrôle des marchés publics.

4.2.4 Les délais de contrôle.

Suite à la saisine d'une Autorité contractante, il est important de définir un délai de contrôle, tant pour les contrôles de routine que pour les urgences. Ce délai est à déterminer de manière limpide pour les différents niveaux d'examen des dossiers de marché :

- l'examen préalable des Dossiers d'Appel à la concurrence ;
- l'examen du rapport d'analyse et de la proposition d'attribution d'un dossier qui a fait l'objet d'une revue préalable ;
- la revue du rapport d'analyse et de la proposition d'attribution d'un dossier qui n'a fait l'objet d'un examen préalable ;
- l'examen juridique et technique.

L'analyse des écarts par rapport à ces critères indique s'il y a lieu d'effectuer des corrections au niveau des opérations de base. Au cas où les prescriptions recommandées, au niveau des standards internationaux, sont atteintes, les documents soumis, lors du processus de passation, sont validés à travers des avis de non-objection en abrégé ANO.

Un Avis de non-objection signifie que la structure chargée de la vérification d'un dossier qui lui est soumis au cours d'une étape du processus de passation de marchés n'a pas trouvé d'argument qui pourrait invalider ce qui y est exposé.

Les organes de contrôle se fondent sur ce qui leur est présenté pour donner leur avis. Il est donc important d'observer et de faire observer l'application stricte des principes directeurs en passation de marchés.

Le contrôle de la passation des marchés repose sur une stricte observance de principes qui régissent les marchés publics (transparence ; équité ; efficacité ; économie).

4.3 LE CONTRÔLE A POSTERIORI DES BAILLEURS.

Le contrôle externe, a posteriori des bailleurs ou contrôle de conformité par l'équipe « procurement » des Bailleurs est mis en place pour déceler les anomalies qui auront échappé aux contrôles précédents.

Ce type de contrôle couvre les marchés qui ont fait l'objet d'une revue a priori ainsi qu'un certain nombre de marchés passés qui n'avaient pas été soumis à cette revue. Il est fait généralement sur la base d'une sélection d'échantillons représentatifs (SER) par modes de passation de marchés.

Ce programme de contrôle porte sur :

- **les documents généraux :**
  - les dispositions de l'Accord de crédit en matière de passation des marchés ;
  - le plan de passation des marchés notamment la dernière révision.
- **les dossiers d'appel à la concurrence :**
  - l'éligibilité de la dépense, l'imputation budgétaire,
  - le mode de passation utilisé en accord avec le PPM et les directives ou les articles d'un code des marchés,
  - le contrôle sur le DAO ou la DP (même exercice que pour le contrôle a priori).
- **Sur le déroulement de la procédure.**
  - les moyens de publicité utilisés au regard de la réglementation ou des directives ;
  - le respect des dates de publication,
  - le procès-verbal d'ouverture des plis établi à bonne date ?
  - les signatures des membres de la commission de passation sont-elles apposées sur le PV ?
  - l'objectivité de l'évaluation,
  - les signatures des membres de la commission d'évaluation des marchés sont apposées sur le rapport d'évaluation ?
  - le rapport d'évaluation et l'attribution sont-ils validés par la commission de passation des marchés ?
  - les négociations par rapport à la conclusion des contrats de prestations intellectuelles sont-ils consignés dans un PV signé des deux parties ?
  - le type et le montant du contrat signé et la date de signature des contrats ;
  - l'antériorité des dates sur les différents documents ;
  - les signataires du contrat, les approbations, les enregistrements.

- **Au niveau de l'exécution.**
  - les différents événements qui sont intervenus, le traitement qui en a été fait (Avenants, application des pénalités de retard, ajournement, etc. ;)
  - les livrables ont-ils été produits à bonne date, les biens ont-ils été livrés aux dates et lieux convenus ;
  - les membres de la commission de réception sont-ils désignés par un acte de l'organisation contractante ?
  - existent-ils des procès-verbaux de réception et qui en sont les signataires ?
  - les factures ont-elles été établies en bonne et dûe forme, les paiements effectués sont –ils faits dans les délais et dans les proportions convenues ;
  - quels sont les moyens de paiement (chèque, virement, crédit documentaire) ;
  - vérification de certaines informations auprès de certains fournisseurs.

4.3.1 Le contrôle externe des bailleurs sur la base de contrats

Le contrôle externe a posteriori ou contrôle de détection par un contractuel est mis en place pour déceler les anomalies qui auront échappé aux contrôles a priori opérés par le bailleur et sur les dossiers qui n'avaient pas été soumis à une revue a priori. Il est fait généralement sur la base d'une Sélection par mode de passation de marchés. Ce contrôle obéit aux mêmes règles que le contrôle a posteriori effectué par les bailleurs.

4.3.1.1 Le contrôle externe a posteriori effectué par un cabinet

L'étendue d'une mission de contrôle est déterminée en fonction des conditions spécifiques à chaque autorité contractante et elle est modifiée le cas échéant pour tenir compte des risques identifiés. Les opérations de passation et d'exécution des marchés doivent être vérifiées par quelqu'un de techniquement compétent et indépendant.

Ce contrôleur doit par ailleurs être indépendant, il peut être une Institution Supérieure de contrôle créée dans le cadre de dispositions constitutionnelles ou juridiques (telle que la Cour des comptes). Il peut aussi être une structure privée, cependant elle ne doit pas avoir de « relations » avec l'Autorité contractante qui est soumise à l'audit : non employé, aucune relation d'affaires ou financière, pas d'assistance en conseil.

4.4 LE CONTRÔLE EXTERNE A POSTERIORI EFFECTUÉ PAR LES AUTRES STRUCTURES

La bonne gouvernance et la transparence dans la gestion des affaires publiques impliquent un contrôle efficace exercé par d'autres institutions indépendantes du Système des marchés et dotées de moyens adéquats. Parmi ces institutions de contrôle, il est possible de citer la Cour des comptes, une institution supérieure de contrôle des finances publiques. La Cour des comptes tient de la Constitution de larges compétences qu'elle exerce à l'aide d'une organisation, de procédures et de moyens spécifiques.

Le contrôle non juridictionnel de la Cour des comptes vise à apprécier la qualité de la gestion et à formuler, éventuellement, des suggestions sur les moyens susceptibles d'en améliorer les méthodes et d'en accroître l'efficacité et le rendement. Ce contrôle englobe tous les aspects de la gestion. La Cour des comptes apprécie :

- la réalisation des objectifs assignés (efficacité),
- l'adéquation des moyens utilisés (efficience),
- les coûts des biens et services produits (économie), les prix pratiqués et les résultats financiers.

Le contrôle porte également sur la régularité et la sincérité des comptabilités ainsi que sur la matérialité des opérations qui y sont décrites (réalité).

4.5 LES AUTRES CORPS DE CONTRÔLE DE L'ÉTAT

4.5.1 L'Inspection des impôts.

Elle a pour mission de contrôler les comptes des sociétés privées, mais dans un esprit différent de celui du contrôleur externe : il ne s'agit plus de vérifier des comptes ou autres dossiers, mais de constater et de sanctionner les infractions à la réglementation fiscale.

4.5.2 L'Inspection des finances

Elle a pour mission de veiller au respect de la législation financière et de vérifier la gestion des administrations publiques et des entreprises publiques et semi-publiques.

**** ***

CHAPITRE V

MARCHÉS PUBLICS : ÉTHIQUE, FRAUDE ET CORRUPTION

Le nombre des « affaires» de détournements de fonds d'origine publique au profit des intérêts privés d'individus, de groupes ou d'organisations, qui sont révélées par les médias ne cesse d'augmenter. Depuis quelques années, en effet, des facteurs, apparemment indépendants, sont venus faciliter les manœuvres frauduleuses d'individus peu scrupuleux prêts, pour conserver leur pouvoir ou pour s'enrichir rapidement, quitte à renier les principes qui prévalaient encore il y a une trentaine d'années.

Tous les processus de passation, de contrôle d'exécution et d'audit des marchés sont empreints d'éthique et de bonne morale qui peut être définie comme un ensemble de règles ou de lois ayant un caractère universel, irréductible, voire éternel, l'éthique s'attache aux valeurs et se détermine de manière relative dans le temps et dans l'espace, en fonction de la communauté humaine à laquelle elle s'intéresse.

Etymologiquement le mot "éthique" est un synonyme d'origine grecque de "morale". L'éthique peut également être définie comme une réflexion sur les comportements à adopter pour rendre le monde humainement habitable. En cela, l'éthique est une recherche d'idéal de société et de conduite de l'existence.

L'éthique est donc la science de la morale et des mœurs. C'est une discipline philosophique qui réfléchit sur les finalités, sur les valeurs de l'existence, sur les conditions d'une vie heureuse, sur la notion de "bien" ou sur des questions de mœurs ou de morale.

Les fraudes englobent des infractions ou des irrégularités commises à l'occasion de l'élaboration, de l'octroi ou de l'exécution de marchés de travaux, de fournitures ou de services passés avec les pouvoirs publics. Elles consistent notamment en la rédaction et l'usage de faux documents, la perturbation de la libre concurrence, des détournements, des fraudes sur la qualité ou la quantité mise en œuvre, etc.

La corruption elle, est souvent définie comme : **'la pratique de concussions ou l'abus de pouvoir, de la confiance du public à des fins personnelles.** Dans ce cadre la concussion désigne « le fait, par une personne dépositaire de l'autorité publique ou chargée d'une mission de service public, de recevoir, exiger ou ordonner de percevoir, à titre de droits ou contributions, impôts ou taxes publics, une somme qu'elle sait ne pas être due, ou excéder ce qui est dû »

4.1 LE BIEN-FONDÉ DE LA LUTTE CONTRE LA FRAUDE ET LA CORRUPTION DANS LES MARCHÉS PUBLICS

La Lutte contre la fraude et la corruption constitue l'un des quatre piliers qui doivent caractériser un bon système de passation des Marchés publics d'un pays. En effet, on ne peut jamais avoir un bon système des Marchés publics capable d'améliorer le climat d'investissement d'un pays et le faire entrer dans l'orbite des pays émergents, si les quatre piliers d'un bon système de passation des Marchés Publics ne sont pas respectés. Ces piliers exigent :

- une garantie de la Transparence, l'éthique, l'intégrité et la Lutte contre la Corruption ;
- un cadre légal, réglementaire et institutionnel cohérent et modernisé ;
- l'existence des procédures de passation des Marchés publics et d'un secteur privé performant;
- un cadre professionnel performant et intègre.

C'est pour répondre à ces exigences fondamentales que la plupart des gouvernements africains et leurs partenaires dont la Banque Mondiale ont fait une évaluation en profondeur des systèmes nationaux de passation des marchés pour les adapter aux standards internationaux et aux exigences de transparence et de modernité.

4.1.1 La taxonomie de la corruption

La Taxonomie de la corruption est la technique utilisée pour identifier (grâce à des clés de détermination), toutes les formes qui s'y rapportent, les décrire, les nommer et les classer afin de permettre de définir une typologie selon l'ampleur des pratiques. Les neuf principaux éléments ci-après sont considérés comme actes de corruption :

- la sollicitation ou l'acceptation, de manière directe ou indirecte, par un agent public ou par toute autre personne, de tout bien ayant une valeur monétaire, ou de tout autre avantage, tel qu'un don, une faveur, une promesse ou un profit pour lui-même ou pour une autre personne ou entité, en échange de l'accomplissement ou de l'omission d'un acte dans l'exercice de ses fonctions ;
- l'offre ou l'octroi à un agent public ou à toute autre personne, de manière directe ou indirecte, de tout bien ayant une valeur monétaire, ou de tout autre avantage, tel qu'un don, une faveur, une promesse ou un profit pour lui-même ou pour une autre personne ou entité, en échange de l'accomplissement ou de l'omission d'un acte dans l'exercice de ses fonctions ;

- l'accomplissement ou l'omission, par un agent public ou toute autre personne, d'un acte dans l'exercice de ses fonctions, aux fins d'obtenir des avantages illicites pour lui-même ou pour un tiers ;
- le détournement par un agent public ou toute autre personne, de biens appartenant à l'État ou à ses démembrements qu'il a reçus dans le cadre de ses fonctions, à des fins n'ayant aucun rapport avec celles auxquelles ils sont destinés, à son propre avantage, à celui d'une institution ou à celui d'un tiers ;
- l'offre ou le don, la promesse, la sollicitation ou l'acceptation, de manière directe ou indirecte, de tout avantage non justifié accordé à une personne ou proposé par une personne occupant un poste de responsabilité ou tout autre poste dans une entité du secteur privé, pour son propre compte ou celui d'une autre personne, en échange de l'accomplissement ou de l'omission d'un acte, contrairement aux exigences de ses fonctions ;
- l'offre, le don, la sollicitation ou l'acceptation, de manière directe ou indirecte, ou la promesse d'un avantage non justifié à une personne ou par une personne affirmant ou confirmant qu'elle est en mesure d'influencer irrégulièrement la décision d'une personne exerçant des fonctions dans le secteur public, en contrepartie de cet avantage, que celui-ci soit destiné à elle-même ou à une autre personne, ainsi que la demande ou l'acceptation de l'offre ou de la promesse d'un tel avantage, en contrepartie d'une telle influence, que celle-ci ait été ou non effectivement exercée ou qu'elle ait été ou non déterminante pour obtenir le résultat escompté ;
- l'enrichissement illicite ;
- l'usage ou la dissimulation du produit de l'un quelconque des actes au cours d'un processus de passation, de contrôle ou d'exécution d'un marché ;
- la participation en tant qu'auteur, co-auteur, intermédiaire, instigateur, complice avant ou après, de quelque manière que ce soit à toute manœuvre ou entente délictueuse visant à commettre un processus de passation, de contrôle ou d'exécution d'un marché.

De ces éléments découle un classement qui qualifie les différents degrés de corruption. Il est possible de distinguer :

A. **La Petite corruption** désigne l'exploitation de sa position d'agent public pour obtenir des gains privés dans l'accomplissement de services publics courants, par les agents publics élus/ou nommés, en contact avec le public.

B. **Grande corruption** se produit lorsque le processus de prise de décisions publiques, ainsi que sa conception et son exécution, y compris ses agents - nommés/élus - sont compromis

C. **Corruption systémique** se dit lorsqu'il se pratique à la fois la petite et la grande corruption. La corruption systémique constitue le plus grand obstacle à l'efficacité du développement en ce sens qu'elle introduit la vénalité dans la prestation des services publics et dans le processus de prise de décisions publiques tout en accroissant le coût lié aux activités commerciales.

La corruption constitue donc le principal symptôme du dysfonctionnement de la gouvernance, caractérisé par des défaillances pour faire appliquer des règles de transparence, promouvoir des normes efficaces qui condamnent la vénalité (*c'est-à-dire, le fait pour une charge ou une fonction, de pouvoir être obtenue et cédée pour de l'argent au mépris des valeurs morales)*

DEUXIÈME PARTIE
AUDIT DES MARCHÉS

★★★★ ★★★

TITRE I
GÉNÉRALITÉS SUR L'AUDIT

**** ***

CHAPITRE I
HISTOIRE ET TYPOLOGIE DES AUDITS

Dans son acception actuelle, audit (anglicisme que l'on peut remplacer par contrôle, vérification, expertise, etc.) vient du verbe latin « **audire** » c'est-à-dire : écouter ou de « **auditus** » qui signifie audition. Ce terme fut introduit par les Anglo-saxons au début du XIIIe siècle pour parler des aspects liés à la vérification de la gestion dans les provinces.

Auditer, c'est écouter les différents acteurs pour comprendre et faire comprendre le système en place ou à mettre en place.

L'Audit est entendu comme un examen critique des informations d'une organisation à travers une démarche rationnelle suivant des normes établies en vue d'y formuler une opinion objective.

1.1 QUELQUES REPÈRES HISTORIQUES.

En tant que fonction, l'audit était déjà utilisé depuis l'antiquité gréco-romaine où il a noté, la présence, dans les Administrations, de vérificateurs.

1.1.1 Les origines de l'audit.

Au début du moyen âge, les Sumériens avaient ressenti la nécessité de vérifier les activités des gens qui étaient commis à la manipulation de deniers, percepteurs d'impôts et taxes, payeurs des commis. Ce système de vérification par recoupement consistait à comparer une information qui est parvenue, par deux sources indépendantes d'enregistrement.

Le mot « audit » est apparu sous l'Empire romain, ce terme était utilisé pour désigner les vérifications faites au nom de l'Empereur sur la gestion des provinces. Des questeurs, qui étaient des fonctionnaires du Trésor, étaient chargés de cette mission. Ils étaient tenus de rendre compte oralement devant une assemblée composée « d'auditeurs » qui approuvaient par la suite les comptes.

1.1.2 La Progression de la notion d'Audit

Les vérifications aux fins d'approuver les comptes se sont développées suite aux efforts des anglais. C'est ainsi que durant l'ère industrielle, sous le règne d'Edouard 1er d'Angleterre dans les années 1300, il est noté l'apparition de commis à la vérification des comptes, dans les administrations, désignés sous le nom « d'Auditors ».

Le premier cabinet d'audit fut fondé au XIVe siècle à Londres. La période du 15e au 18e siècle, décrite par « Fernand Paul Achille Braudel » comme celle de la naissance du capitalisme, a vu aussi naître un nouveau genre de problème contre lequel devait lutter le législateur qui s'est appuyé en partie sur l'audit pour les freiner dans leur développement.

Ainsi, lors de la vague des grands scandales au début du 18e siècle, on employa des auditeurs pour faire des investigations approfondies afin de démêler les nœuds financiers, dans le but de découvrir les auteurs des faillites frauduleuses. Seulement, les exposés ne se limitaient ou plutôt ne faisaient cas que de la faiblesse des contrôles qui, eux-mêmes, n'abordaient que les aspects purement juridiques. Pendant cette période, ce qu'il convenait d'appeler l'Audit des entreprises ne se faisait qu'à la demande des pouvoirs publics. Ce n'est qu'au XIXe siècle que les législateurs ont institués le contrôle des sociétés par des agents externes en raison :

- du développement de l'industrie, du commerce, des banques, des assurances ;
- de la charge qui pèse sur l'auditeur reconnu en tant que garant des détenteurs de capitaux à l'égard des abus des gestionnaires.

Dès le début du XXe siècle et avec la crise de 1929 due à une mauvaise divulgation de l'information fiable, un accroissement des besoins du monde des affaires en audit est apparu. Lorsque l'auditeur avait la possibilité de vérifier des comptes, il entreprenait un FULL AUDIT. Il vérifiait toutes les écritures d'un journal d'achat avec les factures, puis s'assurait que les inscriptions dans les comptes de tiers étaient le juste reflet de ces enregistrements.

L'auditeur effectuait un « pointage » des écritures en y ajoutant des sigles (une croix par exemple) devant chaque chiffre pour indiquer qu'il l'avait contrôlé. Le pointage détaillé avait comme objet de vérifier « l'exactitude » des comptes.

La révision comptable est devenue audit, et les objectifs qui étaient axés principalement sur la détection de fraude, progressivement ont évolué vers la recherche d'erreurs puis à la publication d'opinion sur la validité des états financiers, enfin sur leurs régularité et sincérité. L'audit est devenu une activité d'assurance et conseil à la gestion.

Autrefois cantonné aux questions comptables, l'audit touche aujourd'hui toutes les activités. Il faut noter que la technique de pointage détaillé ne prouvait que le bon équilibre algébrique d'une comptabilité à partie double. L'auditeur qui s'en servait n'était que rarement enclin à s'assurer du bien-fondé des écritures (par exemple : si une facture pour l'achat de marchandises avait été précédée par une livraison effective des biens concernés).

De nos jours, l'administration des grandes organisations se fait selon MINTZBERG par un mode de direction et de coordination grâce auquel, la Direction générale n'intervient plus par supervision directe des actions, mais par des procédures et règles de fonctionnement.

Ce mode de direction et de coordination a pour rôle de permettre aux dirigeants de s'assurer que leur organisation produit bien les effets attendus et que le système d'information génère des informations pertinentes, ce qui concourt à la maîtrise des risques par les responsables. Au Sénégal et probablement en Afrique de l'Ouest, l'expansion de l'audit s'est faite sous l'égide de la Banque Mondiale dans le cadre des projets d'assistance technique du secteur parapublic vers la fin des années 1970.

1.2 DÉFINITION ET TYPOLOGIE DES AUDITS.

1.2.1 Définition générale de l'audit.

L'audit de manière générale peut être défini comme « un processus systématique et documenté permettant de recueillir des informations objectives pour déterminer dans quelle mesure les éléments du système ciblé satisfont aux exigences des référentiels du domaine concerné ». Il s'attache notamment à détecter les anomalies et les risques dans les organismes et secteurs d'activité qu'il examine en faisant des propositions pour renforcer leur efficacité.

1.2.2 Les caractéristiques de l'Audit

L'Audit est une activité indépendante et objective qui donne une assurance sur le degré de maîtrise des opérations, apporte les conseils pour les améliorer, et contribue à créer de la valeur ajoutée. De par ses missions, l'audit vise à atteindre deux objectifs principaux à savoir :

- l'objectif d'une mission donnée ;
- l'objectif de l'Audit même en question.

L'audit est une activité de contrôle et de conseil qui consiste en une expertise et un jugement sur l'organisation, des procédures, ou une opération quelconque de l'entité.

L'audit est surtout un outil d'amélioration continue, car il permet de faire le point sur l'existant (état des lieux) afin d'en dégager les points faibles et/ou non conformes (suivant les référentiels d'audit). L'identification de ces points à risque est suivie par la suite d'actions adéquates qui permettront de corriger les écarts et dysfonctionnements constatés.

1.2.3 Les différents types d'Audit

Lorsque l'on aborde le sujet de l'audit, on a souvent tendance à retrouver les termes d'audit interne et d'audit externe.

Quelles différences entre ces deux métiers ?

La confusion est née du fait que la principale démarche d'audit est de celle de l'audit financier et comptable effectué par un cabinet extérieur ou par d'autres structures au sein d'une même organisation.

L'audit est qualifié d'audit interne lorsqu'il est une fonction d'une structure. Il est qualifié d'externe lorsque les opérations sont confiées à une structure externe à l'organisation qui le commandite. Mais, actuellement, il y a une distinction nette entre les deux fonctions tant du point de vue des démarches que des finalités.

1.2.3.1 L'audit interne.

Appelé parfois "audit de première partie" il est réalisé par un agent ou une structure de l'Autorité contractante pour des raisons internes. L'audit interne est mis en place afin de détecter, à temps voulu, tout dérapage par rapport aux objectifs de rentabilité ou d'efficacité visés par une structure, afin d'en limiter les aléas.

Le dispositif d'audit interne permet aux dirigeants ou responsables de structures de maîtriser l'évolution de l'environnement, des besoins et des priorités, et de procéder à temps aux adaptations nécessaires à la croissance ou au bon pilotage des activités.

L'audit interne est effectué par une personne ou un service qui est au sein de la structure. Sa mission est de veiller au respect des procédures mises en place et d'observer la manière dont les agents travaillent et de veiller au bon respect des différents cadres juridiques afin d'éviter tout problème éventuel.

L'auditeur interne est un généraliste formé à l'investigation : son rôle premier est de mettre en évidence les problèmes (dysfonctionnements et risques) et de les étayer à partir des faits, ensuite de leur trouver une solution. L'audit interne peut se charger des contrôles financiers, organisationnels ou de passation et de gestion des marchés. L'audit interne est donc effectué par un expert qui doit très bien connaître les métiers (généraliste) sur lesquels il intervient ainsi qu'être fin diplomate pour ne pas froisser les employés qui le perçoivent souvent comme un « espion ». A ce titre, l'auditeur interne peut rencontrer plusieurs problèmes que sont :

- un manque de liberté ;
- des situations répétitives qui peuvent lasser ;
- une image négative auprès des employés.

1.2.3.2 L'audit externe

L'audit externe est exercé par une personne ou par une structure qui effectue les mêmes tâches que dans un audit interne, à ceci près qu'il ne travaille pas à l'intérieur de sa structure, mais pour d'autres structures. Il s'intéresse à la manière dont l'entreprise ou ses entités définissent ses objectifs, les respectent, utilisent les moyens mis à la disposition de ses dirigeants. Cet audit se déroule dans le cadre d'une mission légale ou contractuelle.

L'Auditeur externe (un cabinet avec une équipe pluridisciplinaire) est souvent amené à se déplacer dans les structures autres que la sienne pour y vérifier le respect des différentes procédures. Du fait des connaissances spécifiques de ses membres et de ses possibilités de déploiement, il est souvent appelé pour apporter des solutions à un ou plusieurs problèmes bien identifiés. L'auditeur externe travaille pour un commanditaire qui reste propriétaire du rapport produit.

On perçoit tout de suite les avantages de ce métier notamment, l'absence de conflit et des expériences diverses et enrichissantes mises en commun ; la création d'un tissu de relation au sein des entités auditées.

Ce métier est beaucoup plus diversifié que le précédent, car, pour chaque mission, il est nécessaire de se remettre en cause et de découvrir de nouveaux environnements avec leurs spécificités propres. L'auditeur externe a à sa disposition un pool d'experts capables de raisonner rapidement et de s'adapter à des situations.

1.2.3.3 Qui sont les acteurs de l'audit externe ?

Depuis 1989, des « fusions » ont diminué le nombre des principaux cabinets d'audit comptable de huit à quatre.

- **Les « Big 8 » sur la période (1970-1989)**

Dans les années 1970, 8 grosses firmes entretenaient une domination internationale ce sont :

1. **Arthur Andersen ;**
2. **Arthur Young & Company;**
3. **Ernst & Whinney ;**
4. **Price Waterhouse ;**
5. **Coopers & Lybrand ;**
6. **Haskins & Sells ;**
7. **KPMG** (fusion de Peat Marwick (KPMG depuis la fusion avec KMG en 1987) ;
8. **Touche Ross Bailey & Smart**

- **Les « Big 6 » sur la période (1989-1998)**

Les « Big 8 » deviennent les « *Big 6* » en 1989 avec :

1. **Arthur Andersen ;**
2. **Ernst & Young** (né en juin 1989 de la fusion Ernst & Whinney avec Arthur Young) ;
3. **Deloitte Touche Tohmatsu (**né en août 1989 de la fusion de Touche Ross Bailey & Smart et Haskins & Sells) ;
4. **Price Waterhouse ;**
5. **Coopers & Lybrand ;**
6. **KPMG.**

• **Sur la période (1998-2002) ils sont les « Big 5 »**

Les « Big 6 » deviennent les « *Big 5* »

1. **Arthur Andersen ;**
2. **Ernst & Young ;**
3. **Deloitte Touche** ;
4. **Price Waterhouse Coopers (PwC)** avec (la fusion en juillet 1998 de Price Waterhouse et Coopers & Lybrand) ;
5. **KPMG.**

• **Big 4 (depuis 2002)**

Arthur Andersen est renommé entre-temps Andersen. Son bureau de Houston, étant impliqué dans le retentissant scandale « Enron », le réseau a été démantelé et les cabinets vendus. Il en a résulté une répartition au niveau d'autres cabinets concurrents. Ainsi Bureau français de Arthur Andersen (représenté par Barbier, Frinault et associés) est racheté par Ernst & Young, alors qu'Andersen Espagne passe sous l'enseigne de Deloitte.

De fait, les grands groupes d'audit comptable et financier sont désormais au nombre de quatre. « BDO » et « Grant Thornton » sont respectivement les cinquième et sixième plus grands réseaux internationaux en 2015. En 2018, les « Big 4 » ou « Fat 4 » sont :

1. **Ernst & Young ;**
2. **Price Waterhouse Coopers (PwC) ;**
3. **Deloitte et Touche ;**
4. **KPMG** ;

Ces « Big 5 » se retrouvent d'ailleurs au Sénégal et dans les pays de la sous-région. Ils prennent la plupart du temps la dénomination de la structure mère suivie du nom du pays où ils sont implantés.

Exemples : KPMG Sénégal.

Ces « Big 4 » ou « Fat 4 » sont challengés au Sénégal par « BDO », « Grant Thornton » et Mazars. Au total huit cabinets de renommée internationale sont présents au Sénégal. Il convient de noter que des cabinets sénégalais sont présents dans le secteur. En effet, des ouest-africains ayant fait de hautes études sont rentrés pour créer des cabinets d'expertise comptable et d'audit financier.

1.3 AUDIT FINANCIER ET AUDIT OPÉRATIONNEL.

L'audit financier consiste en la vérification et la certification de la régularité et de la sincérité des comptes d'une entreprise pour donner une image fidèle du patrimoine et de la situation financière et comptable de cette entreprise. L'audit financier est effectué généralement à deux occasions :

- lors d'une mission légale comme celle du commissaire aux comptes visant à certifier les comptes ; (certification avec réserve, certification sans réserve, non-certification, etc.)
- ou à l'occasion d'une mission contractuelle confiée à un professionnel comptable : ce type de mission porte généralement sur la révision comptable.

L'audit opérationnel lui, n'est pas habilité à certifier des comptes. Il peut vérifier l'exactitude d'une information comptable et financière en privilégiant la correction des erreurs sans pour autant formuler une opinion sur la sincérité et la fiabilité de l'information comptable. Il est possible de faire le distinguo entre l'audit financier et l'audit opérationnel en se basant sur :

1) **L'origine du contrat.**
   - **l'audit financier est généralement un audit légal** qui découle des dispositions de la loi.
   - **l'audit opérationnel est, le plus souvent contractuel**, entre un professionnel autre que le Commissariat aux comptes et son client.

2) **La nature de la mission**
   - **l'audit financier** : s'intéresse aux comptes et vise à permettre aux professionnels l'expression d'une opinion motivée sur la sincérité et la régularité des états financiers d'une entreprise.
   - **l'audit opérationnel** : cherche à évaluer les performances (qualité, sécurité, efficacité et efficience) la bonne application des politiques, des instructions et règles en vigueur.

3) **Les objectifs poursuivis**
   - **l'audit financier** est un examen des états financiers de l'entreprise, visant à vérifier leur sincérité, leur régularité, leur conformité et leur aptitude à refléter l'image fidèle de l'entreprise.
   - **l'audit opérationnel** procède à un examen systématique des activités d'une entité en vue d'évaluer les réalisations et de faire des recommandations.

4) **Leur champ d'application.**

- **l'audit financier** s'intéresse aux Informations financières publiées ;
- **l'audit opérationnel** se réfère à la Gestion et à l'organisation de l'entité.

5) **La réglementation**

- **l'audit financier** est prévu par la loi ;
- **l'audit opérationnel** lui est défini par le Directoire de l'entité (Conseil d'Administration, etc.).

6) **La fréquence.**

- **l'audit financier** se fait régulièrement au moins une fois l'an ;
- **l'audit opérationnel** se fait périodiquement, sans date fixée préalablement.

7) **La méthode.**

- **l'audit financier** se base sur des normes édictées par les organisations professionnelles ;
- **l'audit opérationnel** se focalise sur des pratiques professionnelles ou des directives ;

8) **Les critères utilisés**

- **l'audit financier** s'appuie sur des principes comptables admis ;
- **l'audit opérationnel** suit les mesures de performances définies dans des documents tels que les manuels de procédures, etc. ;

9) **La production des rapports.**

- **l'audit financier** produit un rapport d'opinion ;
- **l'audit opérationnel** émet un rapport comprenant des constats, des jugements et des recommandations.

10) **Les destinataires des rapports.**

- **l'audit financier** constitue un aspect informatif pour les investisseurs et créanciers, l'Administration ;
- **l'audit opérationnel** est perçu dans son aspect constructif pour le directoire d'un Système ou l'Autorité contractante auditée.

Le genre d'audit qui concerne les marchés est donc l'audit opérationnel. Dans ce qui suit, nous allons nous intéresser davantage à ce type d'audit.

**** ***

CHAPITRE II
CARACTÉRISATION DE L'AUDIT OPÉRATIONNEL.

Caractériser la fonction d'audit opérationnel permet de l'éclairer en traçant ses frontières par rapport à d'autres activités, qui sont à extérieur à une structure, mais qui utilisent des démarches similaires, ou en rapport avec d'autres fonctions qui existent dans la structure.

2.1 AUDIT OPÉRATIONNEL ET AUTRES TYPES DE CONTRÔLE.

2.1.1 L'Audit opérationnel et le contrôle interne.

Le contrôle interne est perçu comme l'ensemble des mécanismes ou dispositifs mis en place dans une entreprise pour en assurer la sécurité de ses actifs et de son patrimoine. Selon l'ordre des experts-comptables de France, « le contrôle interne a pour but d'assurer la protection, la sauvegarde du patrimoine et la qualité de l'information, par des instructions afin de favoriser l'amélioration des performances ».

Le contrôle interne consiste en l'organisation rationnelle de la comptabilité et des services administratifs visant à prévenir les erreurs, les fraudes et les détournements. Contrôle interne et audit opérationnel sont différents, le premier étant une fonction, le second un système.

2.1.2 Audit opérationnel et contrôle de gestion.

Le contrôle de gestion est l'activité visant la maîtrise de la conduite raisonnable d'une organisation en prévoyant les événements et en s'adaptant à l'évolution en définissant des objectifs, en mettant en place les moyens, en comparant les performances passées et futures. Il est possible de dire que l'audit opérationnel et le contrôle de gestion sont des fonctions très proches aux frontières difficiles à cerner.

Le contrôle de gestion est passé de l'analyse des coûts en passant par le système budgétaire avant de passer au pilotage de toute l'organisation. L'audit opérationnel passe du contrôle des comptes à l'assistance au management pour la maîtrise de tous les risques liés aux opérations courantes et non courantes de l'organisation.

D'ailleurs Marc JOANNY le montre dans son ouvrage *« Audit interne et contrôle de gestion »* selon ce dernier « progressivement, l'audit interne et le contrôle de gestion dépassent l'état de simple direction fonctionnelle au profit d'une aide à l'optimisation de la structure ».

Jean Louis MALO met l'accent sur les caractéristiques suivantes : le champ du contrôle de gestion reste le système d'information ; la recherche de la performance.

Ces deux caractéristiques qui permettent d'identifier des similitudes, des différences et des complémentarités entre les deux fonctions.

2.1.3 Ressemblances entre Audit opérationnel et contrôle de gestion.

Audit opérationnel et contrôle de gestion se retrouvent sur les aspects suivants :

- les deux fonctions s'intéressent à tous les processus et ont un caractère universel ;
- le contrôleur de gestion comme l'auditeur ne sont pas des opérationnels, ils alertent, suggèrent, proposent des solutions et ne disposent d'aucun pouvoir opérationnel ;
- les deux fonctions sont rattachées à des niveaux hiérarchiques élevés ce qui leur permet d'être indépendantes.

2.1.4 Différences Audit opérationnel et contrôle de gestion.

Les différences se situent à quatre niveaux. Il y a des différences au niveau des objectifs, au niveau du domaine d'intervention, au niveau des outils et de la périodicité des interventions dans les processus.

2.1.4.1 Différences dans les objectifs.

L'audit opérationnel utilise le contrôle de régularité ou le diagnostic du contrôle interne pour maîtriser les activités alors que le contrôle de gestion cherche la maîtrise, mais en s'appuyant sur le système d'information et des procédures. Le rôle du contrôle de gestion est de veiller au respect des équilibres classiques en alertant sur les dérapages entre réalisations et prévisions.

2.1.4.2 Différences dans les domaines d'intervention.

Le contrôleur de gestion réalise ses analyses sur la base de données, le plus souvent, chiffrées en comparant les informations prévues aux informations réalisées. Alors que l'auditeur interne va plus loin en s'intéressant aux aspects aussi complexes comme la sécurité, la qualité, les aspects sociaux, etc.

2.1.4.3 Différences dans la répartition et le temps des interventions.

L'auditeur exécute ses missions sur la base d'un programme systématisé. Par contre, le contrôleur de gestion ne planifie pas ses interventions, il agit pour faire face aux urgences.

2.1.4.4 Différence dans la démarche.

L'auditeur effectue ses diligences sur la base d'une démarche spécifique et systémique s'appuyant sur des normes propres à la fonction. Par contre, le contrôleur de gestion évolue dans un univers non normalisé. Il utilise une démarche originale à sa fonction en s'appuyant sur des informations issues des opérationnels notamment et le plus souvent des données du système budgétaire qui sont analytiques et déductives.

Cependant, l'audit opérationnel et le contrôle de gestion sont deux fonctions complémentaires. Au niveau de qualité de l'information, l'audit opérationnel assure au contrôle de gestion la fiabilité et la pertinence de cette dernière grâce à l'évaluation des procédures. L'auditeur peut aussi trouver au niveau du contrôle de gestion des clignotants lui permettant de savoir que dans tel ou tel processus il y a des risques ou dysfonctionnements.

Le poids croissant de partenaires financiers dans l'approbation et la certification de comptes ainsi que l'apparition de nouvelles obligations impliquant la pertinence des choix, pour conduire une procédure d'acquisition de prestations, ont provoqué la prise de conscience de la complémentarité entre l'audit opérationnel, le contrôle de gestion et l'audit financier.

Les professionnelles de l'audit cherchent, désormais, à évaluer les structures et les programmes financés par l'État et les Bailleurs de fonds grâce à des processus de contrôle dont le but est de contribuer à la maîtrise des procédures suivant deux grandes composantes :

- une composante comptable qui, s'intéresse à la qualité et l'image qu'offrent les états financiers dans la réalité. On parle d'Audit-comptable ;
- une composante non comptable, qui traduit un contrôle (dans le sens de maîtrise) dit administratif ou opérationnel.

2.2 PRÉSENTATION DE L'AUDIT OPÉRATIONNEL.

Présenter l'audit opérationnel revient à le définir en soulevant les controverses autour d'une notion galvaudée. Selon Henri Bouquin dans « audit opérationnel », toute organisation, c'est-à-dire tout ensemble de personnes réunies pour poursuivre un but collectif, repose sur l'existence de processus et de dispositifs qui visent à orienter les actions de ces personnes. Pour mieux appréhender l'audit opérationnel, il est nécessaire de discuter certains concepts, tout en constatant au départ qu'il est difficile de lui trouver une définition qui met tout le monde d'accord.

2.2.1 Les approches de l'audit opérationnel.

2.2.1.1 L'approche des grands cabinets comptable.

Suivant les approches, souvent influencées par les grands cabinets d'expertise comptable, qui utilisent les démarches traditionnelles et s'appuient sur l'audit financier et comptable, nous pouvons dire à la suite de W. BISHOP que : « L'audit est une activité indépendante et objective qui donne à une organisation une assurance sur le degré de maîtrise de ses opérations, lui apporte ses conseils pour les améliorer, et contribue à créer de la valeur ajoutée ».

Il aide cette organisation à atteindre ses objectifs en évaluant, par une **approche systémique** et méthodique, ses processus de management des risques, de contrôle et de gouvernement d'entreprise et en faisant des propositions pour renforcer leur efficacité ».

2.2.1.2 L'Approche des consultants.

Selon l'approche des consultants, l'auditeur n'est plus donc celui qui apprécie seulement une situation passée par rapport à des normes rigides, mais il est aussi celui qui propose des orientations pertinentes, efficaces et efficientes. Il est celui qui conseille et anticipe les risques, avec son savoir-faire.

2.2.1.3 L'Approche managériale.

Suivant « l'approche managériale » plus récente développée par "Jean Charles BECOUR" et "Henri BOUQUIN", l'audit opérationnel est perçu comme une activité qui s'applique, en toute indépendance à des procédures cohérentes qui permettent d'examiner en toute objectivité toutes les actions dans un processus.

Autrement dit, l'audit opérationnel a pour rôle de juger la manière dont les objectifs sont fixés et atteints, ainsi que, les risques qui peuvent survenir et diminuer la capacité d'une entité à définir des objectifs clairs, précis, à les atteindre et à apprécier leur convenance.

2.2.2 Définition de l'audit opérationnel.

A la suite des approches ci-dessus, présentées, il est possible de définir l'audit opérationnel comme étant « l'examen professionnel des informations relatives à la gestion d'une organisation, en vue, d'exprimer sur cette information, une opinion responsable et indépendante par référence aux critères de conformité, de régularité d'efficacité et d'efficience ».

Cette opinion doit accroître l'utilité de l'information, notamment en vue de la prise de décision. L'audit opérationnel s'applique à toutes les actions sans privilégier leur incidence sur la tenue et la présentation des comptes. Son objet consiste à juger la manière dont les objectifs sont atteints.

2.3 OUTILS DE L'AUDIT OPÉRATIONNEL.

Il est présenté ici, quelques outils constituant une base de départ appréciable, pour qu'un auditeur puisse réaliser ces travaux d'investigation et d'analyse, quel que soit le type de mission. Afin de mener à bien, sa mission, l'auditeur, dès la phase de préparation jusqu'à l'élaboration du rapport, a besoin d'un certain nombre d'outils et de méthodes pour collecter les informations, analyser les données, décrire l'état du système, ainsi que des outils de vérification et de validation.

Deux catégories d'outils sont généralement utilisées, il s'agit des outils d'investigation qui offrent une aide aux auditeurs afin de formuler des questions ou apporter des réponses à des questions qui se posent ; et des outils de description ou outils de « révélation » qui permettent de projeter de la lumière sur différents aspects fonctionnels et organisationnels d'une structure ou d'un système.

2.3.1 Les outils d'investigation.

2.3.1.1 Les outils de sondages statistiques.

Les outils de sondages statistiques sont souvent utilisés dans la pratique d'audit notamment dans la plupart des opérations de sondage ou d'échantillonnage. L'échantillon est choisi à partir d'une série d'articles (qui doit être représentatif de la population fixée).

Les mesures et les opérations statistiques effectuées sur l'échantillon choisi permettront de projeter des jugements et des conclusions sur l'ensemble de la population. Cet outil fait appel essentiellement aux qualités de bon sens de l'auditeur ; que ce soit pour la détermination de la taille de l'échantillon, pour la sélection des articles à étudier et les conclusions dérivées des résultats de l'analyse de l'échantillon.

2.3.1.2 Les interviews ou entretiens d'audit.

Ces outils qui entrent dans la catégorie des outils d'investigation sont utilisés fréquemment, ils ne doivent pas être confondus avec les conversations et les interrogatoires. Les conditions d'une bonne interview seront garanties selon le niveau de collaboration instauré entre l'audité et l'auditeur. Une interview comprend généralement trois phases.

a. Une phase préparatoire de l'interview d'audit.

L'auditeur ne doit, en aucun cas, procéder à une interview, sans que la hiérarchie de son interlocuteur qui lui aura été préalablement désigné, n'en soit informée. Avant la date fixée pour l'interview, l'Auditeur doit disposer de quelques informations professionnelles sur interlocuteur. Il doit aussi préparer son sujet et ses outils. Il est indispensable pour chaque entretien de fixer des objectifs et disposer d'un questionnaire détaillé ou tout au moins d'un guide d'entretien.

b. Une phase conduite de l'interview.

L'auditeur doit rappeler le cadre de la mission et les objectifs poursuivis. L'interlocuteur doit connaître les tenants et aboutissants de l'interview. Il serait désastreux qu'il puisse s'imaginer qu'on lui tend des questions pièges, que l'interview n'est rien d'autre qu'un interrogatoire déguisé.

Le questionnaire est un outil efficace d'évaluation du niveau de conformité des dispositifs de contrôle par rapport aux normes et bonnes pratiques choisies comme références. Leur importance réside dans un ensemble d'avantages qui permettent à l'auditeur de :

- formuler des questions par thèmes et de les mettre dans un ordre de priorité ;
- préparer un ensemble de points à traiter et aborder dans le questionnaire ;
- établir un barème d'évaluation afin de comparer les réponses de l'audité avec la référence.

Les questionnaires permettent d'identifier les points forts et/ou les faiblesses du dispositif des marchés publics ainsi que les risques associés. Ils permettent aussi aux auditeurs d'organiser et de répartir les différents points à traiter sous forme de questions groupées par thème. Une méthode efficace consiste à prendre des notes au fur et à mesure que se déroule l'entretien, ça permet de gérer les flux d'informations et de garder les points essentiels sur le déroulement de l'entretien.

Pour toute information obtenue au cours de l'entretien, il importe de recueillir l'adhésion de l'interlocuteur quant à sa formulation. Il est de même pour toute conclusion formulée, à partir de propos tirés de l'entretien, avant leur communication sous quelque forme que ce soit, à sa hiérarchie.

c. Une phase après interview.

Lors de la rédaction ou de la synthèse des notes, l'auditeur doit adopter une approche système, en vertu de ce principe il ne s'intéressera pas aux hommes et se gardera d'évoquer des questions à caractère subjectif ou mettant en cause des personnes ; il relèvera surtout les difficultés, les points faibles et les anomalies rencontrés.

2.3.2 Les outils de description.

2.3.2.1 Les outils d'observation.

Il existe une multitude d'outils d'observation tels, les tableaux de bord ou ceux créés par l'auditeur lui-même, qui permettent d'identifier et d'évaluer la matérialité, l'efficacité et l'efficience d'une procédure.

Le premier élément permettant de s'assurer de la matérialité d'une opération est l'observation physique caractérisée par la constatation dans un dossier : les processus, les transactions, les documents les valeurs.

Il existe deux formes d'observations :

- **l'observation directe** : permettant d'assurer une vérification immédiate et visuelle des dossiers. Elle peut aboutir à un avis sur l'état physique et/ou de fonctionnement d'un bien, comme elle peut prendre la forme d'un comptage d'unités.
- **l'observation indirecte** : qui consiste soit à consulter des documents représentatifs de l'engagement (comme les contrats, etc.), et faire des correspondances avec des tiers concernés pour des observations et remarques concernant les éléments à auditer. Cette méthode permet à l'auditeur de mieux comprendre le contexte, le périmètre et l'environnement de la mission d'audit à exécuter.

2.3.2.2 <u>Les outils de contrôle de la sécurité.</u>

Les outils et techniques de contrôle de la sécurité sont, généralement utilisés pour l'assurance, la confiance, la garantie qu'ils offrent à une structure. Les fonds, les opérations, les biens, les hommes, les informations, le patrimoine qui s'y trouvent ne feront pas l'objet, de vol, de destruction, de dissimulation, de fraude, d'abus, d'escroquerie, ou de malversations.

Pour chaque item entrant dans le cadre de la mission, l'auditeur devra mettre l'accent sur l'énoncé de la constatation, les critères sur lesquels s'appuie la constatation, le risque relatif à l'écart constaté et les recommandations formulées.

Après avoir identifié les caractéristiques de l'audit opérationnel, ses outils d'observation et d'investigation, il est apparu que c'est le type d'audit qui s'adapte mieux aux marchés publics. Les chapitres suivants vont donner tous les aspects qui permettent de bien conduire un audit des marchés publics.

**** ***

TITRE II
L'AUDIT OPÉRATIONNEL DES MARCHÉS PUBLICS

★★★★ ★★★

CHAPITRE III

GÉNÉRALITÉS SUR L'AUDIT DES MARCHES

3.1 DÉFINITION DE L'AUDIT DES MARCHÉS.

L'audit des marchés peut être défini comme l'examen professionnel de la passation et l'exécution des marchés au niveau d'une Autorité contractante en vue de recueillir des informations sur la conformité et la régularité des opérations menées et le cas échéant formuler des recommandations par rapport aux actions non conformes.

Il est mené par un Auditeur indépendant, généralement, un cabinet de réputation professionnelle reconnue, recruté par l'Autorité de Régulation des marchés Publics pour effectuer l'audit annuel des marchés publics.

Conceptuellement, la recherche de l'auditeur se fait sur la base de la carte du respect des principes directeurs des marchés publics que sont : la transparence, l'équité, l'efficacité et l'économie.

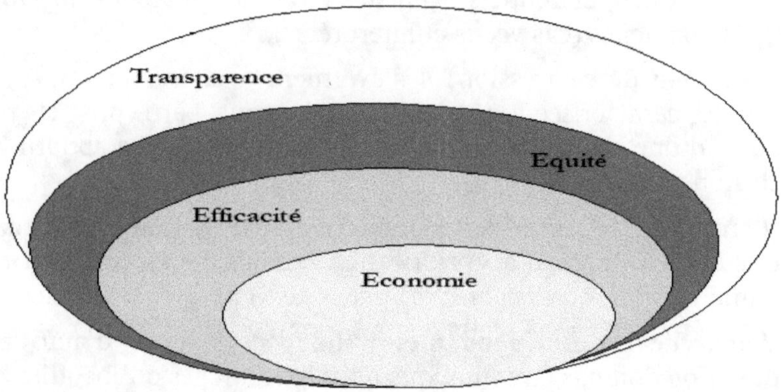

Au premier degré, l'auditeur est toujours appelé à vérifier la conformité par rapport à des directives ou code des marchés. Cet audit de conformité permet de s'assurer que les acteurs ont observé la réglementation en vigueur.

Au deuxième degré, l'auditeur s'interrogera sur l'équidistance observée vis-à-vis de l'ensemble des prétendants à la commande publique.

Au troisième degré, l'audit de l'efficacité lui permet de s'interroger sur la qualité et sur la pertinence des choix effectués. Il apprécie la qualité des choix : entre les diverses possibilités offertes au regard des principes de passation des marchés, a-t-on choisi celle qui était la plus économique, tout en étant apte à satisfaire pleinement le besoin exprimé ?

A un quatrième degré, l'auditeur vérifie l'effectivité des acquisitions, la pertinence de leur mise en œuvre (incidence des commandes supplémentaires ou complémentaires) et en mesure l'efficience.

3.1.1 La démarche d'audit des marchés.

L'audit des marchés est un outil indispensable au Système des marchés Publics. L'Audit des marchés peut être fait à l'interne par un auditeur interne ou à l'externe sur la base d'un contrat par une structure indépendante extérieure au Système.

Quel que soit le schéma adopté, audit interne ou audit externe, l'audit des marchés est une démarche méthodique de recherche de pratiques non conformes qui, le plus souvent, sont génératrices de risques qui sont à apprécier, pour en diagnostiquer les causes et proposer des recommandations pour les éliminer.

L'audit des marchés est basé sur une démarche à la fois objective, inductive, itérative, indépendante, coopérative, et déontologique appliquée à toutes les phases des processus acquisition de travaux, de biens et services ou prestations intellectuelles.

Le caractère objectif de la démarche implique que l'auditeur s'appuie sur des faits qu'il constatera à l'aide d'indicateurs, vérifiera, et comparera à des référentiels explicites (code des marchés ou Dossiers types) ou explicités (cas vécus et interprétés).

Tout au long de sa mission, il s'évertuera à conserver une attitude impartiale caractérisée par l'absence de tout parti pris et par la conduite d'une démarche professionnelle permettant d'aboutir à des conclusions objectives.

La démarche est itérative et inductive, car devant une situation, l'auditeur n'a pas d'a priori, il formule ses conclusions et recommandations au cas par cas à partir de sa propre expérience.

La démarche est indépendante, il ne peut y avoir d'auto audit : l'auditeur ne doit pas être impliqué dans les marchés qu'il audite.

L'audit des marchés a un caractère coopératif : l'application des recommandations passe nécessairement par l'adhésion des audités.

L'audit des marchés repose sur une démarche déontologique qui nécessite l'application des principes fondamentaux que sont :

- **l'intégrité :** l'auditeur doit faire preuve d'honnêteté intellectuelle et de droiture dans la conduite de sa mission et s'abstenir de tout agissement contraire à la probité;
- **la compétence,** l'auditeur doit maintenir un degré élevé de compétence avec un niveau appréciable de connaissances en marchés publics ;
- **la confidentialité**, l'auditeur doit respecter le secret professionnel opposable à tous, sauf lorsqu'une obligation légale le délie. L'auditeur a une obligation de confidentialité et une obligation de moyens.

3.1.2 Importance du respect des procédures

L'importance croissante de la passation des marchés dans l'activité des structures étatiques, le caractère complexe de règles qui se modifient souvent et l'importance des risques encourus par un non-respect de ces règles exigent une vigilance particulière de la part de l'Autorité contractante.

Les directives ou codes de marchés sont généralement perçus comme des contraintes. Cette situation est imputable au fait que les Autorités contractantes doivent respecter des dispositions nombreuses, complexes et qui évoluent en permanence.

Au contraire, il y a dans la passation des marchés une marge de manœuvre, un espace de liberté qui rend l'Autorité contractante maîtresse de la plupart des décisions qui influencent directement sa propre situation financière. La non-application de certaines de ces procédures pourrait être source de pertes incommensurables.

L'Autorité contractante peut, en exerçant de manière plus ou moins opportune les choix de modes de passation de marchés qui s'offrent à elle, moduler l'importance de la charge financière globale qu'elle supporte.

L'existence de risques de passation non conformes, la multiplicité des marchés par entente directe et la possibilité d'être plus ou moins performant sur les choix contribuent largement à justifier le besoin périodique de faire auditer les marchés par l'Autorité de Régulation des marchés publics (ARMP).

3.2 L'ÉQUIPE D'AUDIT EXTERNE DES MARCHÉS.

L'audit des marchés est de moins en moins l'affaire de professionnels isolés. Des cabinets de plus en plus importants (en personnel) se constituent pour répondre aux besoins rencontrés lors de la conduite de mission d'audit des marchés.

Une organisation hiérarchique adaptée est le meilleur moyen d'éviter la surqualification, qui coûte cher, et la sous-qualification, qui nuit à la qualité des travaux. La hiérarchie existant dans les cabinets d'audit est variable suivant leur taille, la nature de leur clientèle de référence et les objectifs que s'assigne la direction du cabinet.

De manière générale, il existe quatre échelons majeurs pour une mission d'audit des marchés. Il s'agit :

- du Directeur de la mission d'audit ;
- du chef de mission ;
- de l'auditeur principal ;
- des assistants.

3.2.1 Le Directeur de la mission d'audit des marchés.

Le directeur de la mission d'audit est généralement le signataire du contrat, il assure la conduite générale de la mission, le contact direct avec le client, la supervision des travaux et la prise de décision.

Le directeur de la mission d'audit externe occupe généralement le grade le plus élevé dans la hiérarchie du cabinet. Il s'agit souvent d'un expert-comptable, ou d'un expert en passation de marchés, généralement associé au fondateur du cabinet. Responsable des travaux d'audit effectués par ses collaborateurs dans les différentes entreprises, il se trouve souvent, simultanément à la tête de plusieurs missions.

3.2.1.1 La conduite générale de la mission.

Le directeur de la mission dirige l'exécution de la mission, il définit le projet d'intervention et règle les problèmes de mise en œuvre. Il constitue l'équipe qui sera chargée de la conduite des travaux.

3.2.1.2 Le contact direct avec le client.

Le Cabinet d'audit est représenté par le signataire du dossier. C'est la raison pour laquelle celui-ci vise personnellement tous les rapports et toutes les lettres échangées avec le client. Il est important que les relations cabinet/Autorité contractante s'établissent au plus haut niveau, car la responsabilité des constats et autres recommandations à émettre sur la passation, la gestion des marchés et la réalité des acquisitions est celle du signataire du contrat.

3.2.1.3 La supervision des travaux.

Le Directeur de la mission d'audit externe intervient principalement au début (premier contact, définition globale à effectuer) et en fin de mission (supervision d'ensemble et exposé des principaux problèmes constatés et formulation des recommandations). Le Directeur de l'audit externe reste de manière permanente en contact avec le client et le chef de mission.

3.2.1.4 La prise de décision.

C'est au Directeur de la mission d'audit externe signataire du rapport qu'il incombe de prendre les décisions stratégiques qui concernent les orientations générales de la mission ; les décisions tactiques qui concernent les mesures à prendre par rapport à un problème particulier dans le cadre de la mission et enfin les décisions opérationnelles relatives au personnel à impliquer, les moyens à mettre en œuvre et l'organisation des horaires de travail. Il lui reviendra la formulation des remarques pouvant avoir un impact négatif par rapport à une Autorité contractante en ce qui concerne l'application des principes de passation, la mise en œuvre d'une procédure ou la gestion des marchés.

3.2.2 Le Chef de mission d'audit externe des marchés.

Le chef de mission se situe à une place charnière. Il constitue le lien entre les différents niveaux de responsabilité de l'Autorité contractante. Ses attributions sont le prolongement de celles du Directeur de la mission d'audit externe, mais essentiellement au plan opérationnel. Il a en charge la conduite de la mission dans son détail et la supervision des assistants. Généralement, il peut intervenir simultanément sur une ou plusieurs missions d'audit à la fois. Il a pour principale attribution de conduire la mission et la coordination des travaux des assistants.

3.2.2.1 Conduite de la mission dans son détail

L'une des tâches principales du chef de mission est l'élaboration des programmes d'intervention détaillés à soumettre au Directeur de mission. Ce travail recouvre l'élaboration du programme d'audit des marchés.

Le fait d'assurer la programmation et la coordination des travaux sur site prédispose le chef de mission à tirer les conclusions des travaux effectués par les assistants et à résoudre les difficultés courantes susceptibles de se présenter tout au long de l'exécution de la mission.

Il lui revient la charge de résoudre certaines difficultés liées à l'exécution de la mission et de sélectionner celles qui semblent plus importantes et les soumet à l'attention du Directeur d'Audit.

3.2.2.2 Supervision des assistants.

Un autre élément essentiel du rôle du chef de mission est le suivi des assistants. Le chef de mission supervise dans les moindres détails les papiers produits par les assistants afin de vérifier la qualité du travail effectué, afin d'intervenir suffisamment tôt pour éviter les travaux inutiles et les éventuels égarements des assistants.

3.2.2.3 L'auditeur principal

L'auditeur principal organise généralement le détail des travaux. Il est généralement le spécialiste du domaine audité. L'auditeur principal est celui qui est en contact permanent avec le personnel de l'Autorité contractante.

Outre des compétences avérées en passation et gestion des marchés publics, il doit être un bon communicateur. car l'efficacité de sa communication et la qualité des informations collectées conditionnent le bon déroulement de l'audit.

En communiquant, il y a nécessairement une volonté, d'informer tout en s'informant, pour comprendre. La réussite de la mission d'audit des marchés dépend de sa manière d'aller vers l'information.

Il examine les travaux effectués par les assistants, s'assure qu'ils sont conformes au programme demandé, ordonne les difficultés rencontrées et les conclusions à émettre à l'attention du chef de mission.

3.2.2.4 <u>les auditeurs-assistants</u>

Les auditeurs-assistants interviennent sur la base d'instructions très détaillées établies par le chef de mission ou par l'auditeur principal. Ils sont exclusivement chargés de la mise en œuvre des instructions contenues dans le questionnaire d'audit.

Ils ne prennent aucune initiative personnelle sur un dossier de marché. Ils doivent systématiquement, pour tout problème rencontré, dans le cadre de la mission, s'en référer à l'auditeur principal qui, lui-même, en parle ou échange si nécessaire, avec le chef de la mission.

**** ***

CHAPITRE IV
PRÉSENTATION ET ÉTENDUE D'UNE MISSION D'AUDIT DES MARCHÉS

Le cadre d'exécution de la mission d'audit des marchés ne se démarque guère du cadre des autres missions d'audit. Il s'agit d'un audit opérationnel, en cela, la lettre de mission est la forme la plus usuelle pour entamer une telle mission d'audit. Elle constitue le moyen le plus usité pour préciser la responsabilité de l'auditeur en déterminant avec beaucoup de clarté les obligations qui lui incombent. Une mission d'audit opérationnel des marchés passe par les phases suivantes :

- **la planification de la mission d'audit des marchés :**
  - l'élaboration du plan d'audit des marchés ;
  - la programmation de la mission.
- **conduite de la mission d'audit des marchés :**
  - introduction de la lettre de mission ;
  - prise de connaissance générale de l'autorité contractante ou structuration de l'univers d'audit;
  - Identification et gestion des risques, détermination de l'échantillon d'audit;
  - Vérification conformité de passation et de la régularité des procédures d'exécution des marchés.
- **la rédaction du rapport d'audit des marchés :**

4.1 PLANIFICATION MISSION D'AUDIT DES MARCHÉS.

La planification est la phase de la prise de connaissance générale de la structure à auditer et l'organisation de la mission. Le principal objectif de cette phase est de bien organiser la mission d'audit des marchés.

Avant de commencer la mission d'audit des marchés proprement dite, l'auditeur retenu doit mettre en évidence une ligne de conduite adaptée à l'Autorité contractante à auditer.

En règle générale, mener une mission d'audit consiste à ordonnancer des activités, c'est-à-dire les répartir dans le temps de façon à tenir les délais imposés tout en optimisant l'utilisation des moyens humains et matériels. Mener une mission d'audit des marchés nécessite trois phases distinctes :

- l'élaboration du plan d'audit, la définition des tâches et des délais d'exécution ;
- la programmation de la mission, ordonnancement des tâches ;
- la conduite de la mission d'audit des marchés.

4.1.1 L'élaboration du plan d'audit des marchés

Le plan d'audit est appelé également plan de mission ou plan stratégique, il consiste à regrouper de manière synthétique l'orientation de travail pour la mission. Il est destiné à être lu par tous les membres de l'équipe d'audit afin qu'ils puissent effectuer leurs travaux en ayant le même niveau d'information. Le plan d'audit doit être préparé par le manager/chef de mission et obligatoirement approuvé par le Directeur de mission. Le plan d'audit doit comporter des éléments sur :

- la présentation professionnelle succincte de l'audité ;
- la nature de la mission (audit contractuel ou autre) ;
- l'évaluation des risques (il s'agit de documenter les risques inhérents et les risques de non-contrôle) ;
- les travaux planifiés ;
- les livrables et le calendrier d'intervention ;
- l'équipe d'audit.

4.1.2 Programmation de la mission d'audit des marchés.

Le plan d'audit des marchés permet de définir des options, de fixer les travaux d'audit et de déboucher sur un programme permettant l'auditeur de choisir les contrôles à effectuer et de prévoir leur répartition dans le temps.

L'auditeur doit planifier sa mission en détaillant son approche en fonction des conclusions tirées du plan d'audit des marchés. Sur la base de ce plan, il est établi un programme de travail qui indique de manière détaillée, pour chaque dossier de marché, les contrôles à effectuer en définissant la nature et l'étendue des travaux.

4.2 CONDUITE DE LA MISSION D'AUDIT DES MARCHÉS.

4.2.1 Introduction de la lettre de mission.

Le début de la mission d'audit des marchés est sanctionné par l'introduction d'une lettre de mission dont la forme et le contenu sont imprimés par l'Autorité de Régulation des marchés publics (ARMP), commanditaire de toute mission d'audit des marchés passés par les Autorités contractantes.

La lettre de mission peut aussi provenir d'un bailleur qui souhaiterait avoir une vue claire, sur l'état d'application de ces Directives, au niveau de son portefeuille de projets et programmes. Au moins une semaine, avant d'entamer une quelconque action relevant de la mission d'audit des marchés, le Cabinet commis ou titulaire du marché, introduit sa lettre de mission pour informer l'Autorité contractante par rapport au contenu de la mission et les entités concernées.

4.2.2 Prise de connaissance générale de l'entité auditée.

Une fois que l'auditeur et la Personne responsable des marchés publics se seront accordés sur les dates et conditions matérielles de mise en œuvre de la mission, le Directeur d'audit externe accompagné par l'équipe se présente à l'Autorité contractante.

4.2.2.1 Identification et gestion des risques, détermination de l'échantillon d'audit.

Un risque est généralement défini comme un événement qui peut avoir comme conséquence des résultats indésirables ou négatifs. Il est caractérisé par la probabilité de l'occurrence de l'événement et par l'impact qui en résulte.

Le risque est une défaillance, un incident, un préjudice, un danger, un sinistre qui pourrait survenir dans une activité, et qui est parfois difficile à éviter, il est inhérent à toute activité humaine.

Le risque est tant dans l'action que dans l'inaction. Toute décision est « risque » et la non-décision est également « risque ». L'essentiel se trouve dans l'aptitude de l'auditeur à mesurer les risques liés à sa mission. La phase « analyse des risques » permet de rendre visibles les différents facteurs qui peuvent avoir une incidence sur les marchés et sont susceptibles d'influer, à ce titre, les travaux de la mission d'audit des marchés. Il est important d'identifier les marchés qui comportent de gros risques et requièrent une attention particulière de la part de l'auditeur.

Les risques identifiés lors des précédents travaux d'audits précédents ou signalés par le contrôle interne (auditeur interne, inspecteur des opérations financières) doivent être pris en compte. Il en est de même pour les risques liés à la présence ou la participation voire l'attribution de plusieurs marchés à un seul candidat et ceux qui ont nécessité une implication plus forte que de coutume des décideurs.

4.2.2.2 Vérification de la régularité des procédures

Cette étape sur la description des procédures permet à l'auditeur de relever le contenu précis de chaque marché et le coût de ses différentes composantes afin de cerner le montant total du marché. Pour chaque marché, il est utile de décrire le contenu du marché dans un document récapitulatif (description littérale ou tableau) permettant de bien s'approprier, d'une part le contenu des prestations demandées et les livrables correspondants et, d'autre part, le découpage de la prestation (lots, tranches, options, etc.).

En second lieu, l'auditeur est invité à constituer un tableau pour chaque procédure/marché avec une ligne pour chaque étape et en commençant l'analyse avec la phase de définition du besoin afin de formaliser la chronologie des opérations jusqu'à la clôture.

4.3 LE RAPPORT D'AUDIT DES MARCHÉS.

La dernière phase est la phase d'élaboration du rapport d'audit des marchés. C'est une démarche de constatation suivie d'un diagnostic et de recommandations.

Dans le cadre d'une mission contractuelle, le rapport d'audit constitue l'aboutissement de la mission de l'auditeur. Il rend compte de l'exécution de ses travaux et émet des recommandations sur la passation et l'exécution des marchés.

Au cours de l'étape de vérification de l'état d'application des procédures de passation et de gestion des marchés, pour confirmer certaines constatations, il convient d'effectuer des tests comme :

- la vérification de la transparence par la réception des dossiers de consultation à la même date ;
- la demande de confirmation auprès des tiers (fournisseurs, des banques) constituant une preuve à l'appui de l'existence d'un fait ou du montant payé pour une acquisition ;
- le dénombrement ou examen de « visu » d'éléments tels que les immobilisations ou les stocks ; à ce titre faire des tests d'inventaires physiques.

**** ***

TITRE III
DÉROULEMENT
D'UNE MISSION D'AUDIT DES MARCHÉS

**** ***

CHAPITRE V
DÉMARRAGE DE LA MISSION D'AUDIT DES MARCHÉS

L'exécution de la mission d'audit des marchés publics consiste à étudier et évaluer le dispositif mis en place pour les marchés publics. Cette appréciation porte sur l'ensemble du dispositif y compris l'informatique. Étant donné qu'un audit opérationnel des marchés demande du temps et des efforts à des personnes qui ont par ailleurs d'autres responsabilités opérationnelles, il doit être conduit efficacement. La structure à auditer doit désigner une personne, habituellement le chef de la Cellule des marchés, comme responsable de la liaison quotidienne avec l'auditeur externe.

Les responsabilités de liaison comprennent au minimum les tâches suivantes (liste non exhaustive) :

- s'assurer que les demandes de documents et d'analyses sont satisfaites dans les délais ;
- répondre aux demandes d'informations ou d'explications de l'auditeur, ou le mettre en rapport avec un agent opérationnel ;
- recueillir les remarques préliminaires de l'auditeur sur la note à l'Autorité contractante et coordonner les réponses données.

L'audit opérationnel des marchés est une quête hiérarchisée qui s'opère selon une méthode. Dans les grandes lignes, cette méthode est commune à tout audit. Dans toute démarche d'audit opérationnel des marchés, on doit avoir un pré diagnostic qui permet de mieux connaître la structure et de mesurer la place faite à la passation des marchés.

5.1 ANNONCE DE LA MISSION D'AUDIT DES MARCHÉS (AMAM).

L'Annonce de la mission d'audit des marchés (AMAM) se fait par la remise d'une lettre de mission. La forme et le contenu de la lettre de mission sont imprimés par l'Autorité de Régulation des marchés publics.

L'Autorité de Régulation des marchés publics est la structure à qui, revient de faire auditer les marchés passés. La lettre de mission signée par le commanditaire de la mission, outre l'objet de l'audit, mentionne en règle générale :

- l'étendue des travaux, en référence à une période ou un exercice ;
- la nécessité d'accès, sans restriction, à tout document de marché, pièces justificatives ou information en rapport avec la mission ;
- la forme et la communication des résultats de la mission ;
- les informations et documents à mettre à la disposition de l'auditeur dans le cadre de ses vérifications spécifiques.

La lettre de mission doit également inclure :

- des dispositions relatives à la planification de la mission ;
- le souhait de recevoir une confirmation écrite de la part des audités concernant les constatations qui lui seront faites en rapport avec la mission ;
- la confirmation des termes et des conditions de la mission en accusant la réception de la lettre.

Le cas échéant, d'autres points peuvent également être abordés, et concernent la participation des auditeurs internes, des inspecteurs et d'autres employés de l'Autorité contractante.

5.2 PRISE DE CONNAISSANCE DE L'ENTITÉ AUDITÉE.

Au moins une semaine, avant d'entamer une quelconque action relevant de la mission d'audit opérationnel des marchés, le Cabinet commis ou titulaire du marché, introduit sa lettre de mission pour informer l'Autorité contractante par rapport au contenu de la mission et les entités concernées.

Le début des opérations commence par une réunion d'ouverture à laquelle participent le Chef de mission d'audit, les auditeurs, les représentants de l'entité auditée.

La réunion d'ouverture a pour but d'établir les premiers contacts avec l'ensemble des personnes impliquées par l'audit avant de commencer les travaux. La réunion d'ouverture est facultative : les auditeurs et la Direction de l'entité auditée décident de l'organisation de la réunion d'ouverture.

Pour les missions qui exigeraient la présence de beaucoup de personnes, il peut être plus aisé de transmettre une note explicative. Toutefois, quand c'est possible, l'organisation d'une réunion d'ouverture est toujours préférable.

Cette réunion permet de présenter l'équipe d'audit et d'assurer la logistique de la mission (locaux, interlocuteurs, etc.). Les personnes à rencontrer dans le cadre de l'audit des marchés publics :

- les directeurs ou ordonnateurs de crédits ;
- le responsable de Cellule de passation des marchés ;
- le Président de Commission de passation des marchés ;
- le Responsable administratif et financier ou les directeurs ou responsables de l'administration générale et de l'équipement ;
- les opérationnels, experts ou agents concernés par les marchés.

Le Chef de la mission d'audit profite de cette réunion pour rappeler certains éléments indispensables au bon déroulement de la mission. Le contenu de la présentation se résume :

- à la présentation succincte de l'auditeur et de son équipe ;
- au contexte et aux objectifs de la mission, le pourquoi de la mission (exécution du programme d'audit) ;
- à l'étendue et au déroulement de la mission : entité(s) concernée(s) ;
- comment se fera la restitution ou présentation du rapport d'audit.

Au terme de cette rencontre, l'Auditeur rédige un compte-rendu de réunion d'ouverture de la mission d'audit des marchés.

5.2.1 <u>La collecte des informations générales.</u>

Cette étape est une des plus importantes d'une mission d'audit. La durée de la prise de connaissance varie en fonction de différents éléments : complexité du sujet, profil de l'auditeur, existence d'audits antérieurs. Les informations à récolter peuvent être regroupées en différents thèmes :

- contexte structurel de l'entité auditée ;
- structure et organisation internes de l'entité auditée ;
- organigramme (obtention et vérification) ;
- environnement informatique ;
- contexte réglementaire ;
- processus et procédures ;
- système d'information : communication interne et externe.

L'auditeur dispose, pour acquérir cette connaissance générale de la structure, de divers moyens comme les entretiens avec, les cadres responsables des divers services ; le recueil de documents.

Le recueil des documents concerne les manuels des procédures de passation de marchés et textes réglementaires ; les budgets et les plans de développement de la structure ou pour un projet sur financement extérieur, l'accord de crédit, etc.

Le recueil documentaire peut aussi concerner, les documents de planification et d'expression des besoins, les plans de passation des marchés, les orientations du conseil d'administration ou du comité de pilotage pour les projets et programmes, les précédents rapports d'audit des marchés, les rapports de l'auditeur interne le cas échéant ou ceux de la Cellule de passation des marchés.

5.2.2 Compréhension des entités de l'Autorité contractante.

La phase d'exécution s'opère in situ, c'est-à-dire sur place dans les locaux de l'Autorité contractante auditée. Pour cela, il sera mis à la disposition de l'équipe d'audit externe une salle avec au moins une grande table et des chaises.

Dès l'entame des travaux, l'auditeur ouvre un dossier permanent où il classe tous les documents et informations à caractère général collectés auprès de l'Autorité contractante. L'auditeur cherchera à collecter un maximum d'informations utiles dans un minimum de temps, pour :

- comprendre l'entité et ses particularités ;
- identifier les marchés passés sous revue ;
- identifier les zones de risque ;
- visiter les lieux.

L'auditeur pour mener à bien sa mission doit avoir à sa disposition :

- le programme prévisionnel des acquisitions ou le Plan de passation des marchés approuvé ;
- l'acte de nomination des membres de commission de passation des marchés ;
- la liste de l'ensemble des marchés sous-revue.

5.2.2.1 Les objectifs de compréhension de l'entité.

La compréhension de l'activité de la structure est à la base des décisions et des travaux d'audit opérationnel des marchés. In fine, la connaissance de la structure vise deux objectifs :

- faciliter un audit externe efficient et efficace ;
- cerner les facteurs internes ayant une incidence sur la politique d'acquisition de l'Autorité contractante.

L'auditeur peut utiliser différents outils (moyens) pour connaître des principaux facteurs internes qui ont une incidence sur l'activité de passation des marchés.

L'environnement interne d'une Autorité contractante est fonction de sa taille, de son secteur d'activité, de la dispersion géographique des structures sous tutelle. Il est intéressant aussi d'avoir un aperçu sur le style de management imprimé par la Personne responsable des marchés publics.

La capacité à déléguer des pouvoirs est déterminante, elle exerce une influence significative sur l'environnement des marchés publics. Il faut tenir compte de l'intérêt accordé aux faiblesses constatées et la politique réservée au renforcement de capacités et à la promotion du personnel intervenant dans les marchés publics.

CHAPITRE VI
CARTOGRAPHIE DES MARCHÉS IDENTIFICATION DES RISQUES ET DÉTERMINATION DE L'ÉCHANTILLON D'AUDIT

6.1 INFORMATION SUR LES MARCHÉS PASSES

L'Auditeur en fonction des termes de la lettre de mission devra dresser la cartographie des marchés passés concernés par la mission. Pour ce faire, il est généralement la liste de tous les marchés passés au cours de la période sous revue.

L'objectif est de constituer une base exhaustive des marchés passés et en cours qui tombent sous le coup de la mission. Cette collecte d'informations peut être faite à partir des services de comptabilité qui ont une mémoire sur tous les marchés passés ayant fait l'objet de paiement.

Les services financiers classent la plupart du temps les pièces à valeur comptable comme les contrats, les factures pro forma, devis ou factures, bordereaux de livraison et autres moyens de paiement. Il reste vrai que les services de la comptabilité ne disposent pas de la liasse dont à besoin l'auditeur pour mener à bien sa mission.

Les informations fournies par les services de comptabilité sont généralement complétées par les informations d'ordre administratif, détenues par les services chargés des achats ou le spécialiste en passation de marchés. Pour chaque type de marché passé, une fiche sera établie ; l'ensemble des fiches formeront la carte des marchés. L'auditeur doit se baser sur les principaux éléments que sont :

- la date de passation qui permettra de calibrer l'échantillon en fonction de l'exercice couvert par l'audit. Des marchés trop anciens encore utilisés sont une « zone à risque » au regard des règles pour la durée d'exécution des marchés, les marchés en fin d'exercice présentent des facteurs de risque particuliers ;
- le mode de passation, il permet de calibrer l'échantillon et de cibler les procédures considérées comme « à risque »;
- le montant du marché initial figurant, mais aussi celui des avenants si possible en ayant les deux informations le montant des dépenses par exercice et cumulé depuis le début du marché permet de calculer des ratios de couverture du besoin. Le montant peut être un des critères de sélection de l'échantillon ;
- le Service-initiateur ou le Service-utilisateur/prescripteur afin de pouvoir différencier la performance de chaque intervenant, notamment le Signataire, car, c'est lui qui finalement est le « porteur » du risque juridique et pénal.

6.1.1 Cartographie des marchés à passer en revue

Pour la cartographie des marchés à passer en revue, il est nécessaire, outre les tableaux de synthèse des marchés, tableaux de bord et rapports produits sur les marchés passés, d'avoir accès au classement des marchés par catégories.

6.1.1.1 « Cartographie des zones à risques »

Maîtriser le risque ce n'est pas éviter le risque, c'est l'apprécier avec exactitude, c'est intervenir à l'instant précis, au moment opportun sans mettre en péril une structure, un système.

L'identification et l'analyse des risques consistent à répertorier et à caractériser, le plus exhaustivement possible, tous les faits générateurs de risque. Les outils de détection et d'évaluation des risques sont multiples. L'auditeur doit s'appliquer à évaluer non seulement les risques potentiels plus particulièrement le risque d'audit.

Le risque d'audit peut émaner de constats non significatifs, eu égard à des circonstances exceptionnelles ou à la suite d'une anomalie significative (*une information inexacte, insuffisante ou omise, en raison d'erreurs ou de fraude, d'une importance telle que, seule ou cumulée avec d'autres, elle peut influencer un jugement)* inhérente ou liée au contrôle, ou du fait du risque de non-contrôle. Sur cette base, l'auditeur peut bâtir une recommandation non pertinente qui pourrait avoir un effet pervers dans le Système des marchés publics. Il s'agira donc pour l'auditeur de recenser les principales zones de risque.

L'auditeur devra se documenter sur les risques inhérents à la structure à auditer et, à tout le moins, faire une analyse préliminaire des moyens mis en œuvre pour contrôler les procédures de passation des marchés. Le recensement des zones de risque se fait, à partir de la liste globale des marchés passés au cours de la période sous revue et indiquée dans la lettre de mission. Les principaux risques peuvent être détectés au niveau :

a. des modalités de choix de la procédure,

- les marchés passés en dehors du PPM ;
- les marchés passés sans mise en concurrence, ni publicité ou suivant une procédure inadaptée ;
- les cumuls par catégorie de marchés ;
- les marchés caractérisés par la présence d'un même fournisseur dans le temps (traduisant un mode de computation des seuils ou des modalités d'allotissement inadaptées).

b. de l'analyse et attribution des offres

- la commission qui a dirigé les travaux évaluation ;
- l'interchangeabilité des membres des comités d'évaluation (un même comité d'évaluation pour tout type de marché est souvent source de risques) ;
- série» chronologique de marchés caractérisés par la récurrence d'un même fournisseur dans le temps (faible taux de rotation des attributaires) ou à l'échelle d'un même marché, pour ceux d'entre eux qui ont fait l'objet d'un allotissement ;
- l'information et la publicité sur l'attribution des marchés.

c. de l'exécution financière des contrats,

- le montant payé versus le montant du contrat ;
- la célérité dans le paiement ou des délais un peu trop rapprochés ;
- marchés présentant des difficultés au stade de l'exécution (problèmes d'approvisionnement, inexécution de certaines dispositions contractuelles, ruptures de stock fréquent, défauts de qualité signalés par les services, etc.) ;
- le traitement réservé aux pénalités de retard.

d. des avenants et autres modifications de contrats

- les marchés ayant fait l'objet de plusieurs avenants successifs.

e. de la conservation des dossiers de marchés

- temps de réaction pour retrouver un dossier ou un élément.

6.2 ECHANTILLONNAGE DES MARCHÉS A AUDITER

Les principes qui régissent un bon échantillonnage :

- accorder la même chance d'être choisis à tout marché passé ;
- ne laisser de « biais personnel » affecter l'échantillon de marchés ;
- ne pas permettre que des configurations particulières affectent le caractère aléatoire que doit revêtir l'échantillon de marchés ;
- ne pas tirer de conclusion à partir d'un échantillon orienté sur des marchés ou vers un but (dirigé) ;
- baser les estimations sur des taux d'erreurs raisonnables ;
- stratifier, chaque fois, que la dispersion des marchés semble se réduire ;
- ne pas fixer des objectifs élevés de fiabilité (niveau de confiance et de précision).

Le recensement des marchés passés sur la période de référence apparaît comme un préalable à la constitution de l'échantillon. La décision de recourir ou non à un échantillon doit être prise au regard de la taille des marchés passés par une Autorité contractante.

Une attention particulière sera portée à la détermination des marchés de référence en fonction des objectifs de l'audit et de l'analyse des risques. S'il s'agit d'apprécier la passation ou l'exécution des marchés, la population est l'ensemble des marchés exécutés ou en cours d'exécution. L'auditeur a, à se poser, deux questions :

- doit-il prendre un échantillon suffisamment représentatif selon des critères d'attribut à déterminer (poids financier, type de procédure ...) ?
- ou utilise-t-il un échantillon de marchés à risque ?

L'analyse doit être basée sur un échantillon de marchés qui seront examinés dans leur ensemble, de la passation à l'exécution. Le choix de l'échantillon dépendra donc des objectifs de la mission, des résultats de l'analyse des risques et des données disponibles. Quoi qu'il en soit, les choix devront être documentés dans le dossier d'audit.

La conception d'un échantillon devient plus complexe dans le cas où les caractéristiques principales des membres de l'échantillon ne sont pas uniformément réparties dans toute la population. Pour définir un échantillon représentatif, l'auditeur doit prendre en compte le risque d'échantillonnage, l'erreur tolérable et l'erreur escomptée :

- le risque d'échantillonnage, c'est le risque que la conclusion à laquelle parvient l'auditeur sur la base d'un échantillon sélectionné puisse être fondamentalement différente de celle qui aurait été obtenue si l'évaluation avait porté sur l'ensemble des marchés passés ;
- l'erreur tolérable, c'est l'erreur maximale acceptable dans une population, tout en concluant que les résultats du sondage ont atteint l'objectif d'audit. L'erreur tolérable est fonction du seuil de signification préalablement fixé. Si l'auditeur recherche une erreur tolérable faible, il doit accroître la taille de l'échantillon ;
- l'erreur escomptée, c'est l'erreur que l'auditeur s'attend à trouver dans une population. Dès lors, si l'auditeur suppose une erreur, il devra sélectionner un échantillon plus grand afin d'approcher la certitude que l'erreur réelle n'est pas supérieure à l'erreur tolérable fixée.

En sélectionnant son échantillon, l'auditeur doit s'assurer qu'il est représentatif, non de la population dans son ensemble, mais du type de marché « à risque » isolé de la population en cause, car cela constitue la base pour extrapoler les résultats.

Il existe une multitude de méthodes pour faire un échantillonnage. Les méthodes de sélection courantes sont les suivantes :

- **la sélection aléatoire**, l'auditeur souhaite obtenir une base raisonnable à partir de laquelle pourront être tirées des conclusions probantes concernant la population dans son ensemble. Cette approche n'est pertinente que pour un nombre de marchés relativement élevé. Cette méthode repose sur la base statistique la plus forte et reste recommandée parce que tous les éléments ont la même chance d'être sélectionnés ;
- **la sélection systématique,** l'auditeur sélectionne l'échantillon des marchés en fonction d'une caractéristique donnée et n'a pas l'intention de tirer de conclusions au sujet d'autres cas que ceux qui sont dans l'échantillon.
- **l'échantillonnage non statistique ou raisonné** qui donne à l'auditeur la flexibilité d'utiliser son opinion professionnelle pour sélectionner les éléments qui ont le plus besoin d'être testés. Cela consiste à choisir des éléments en appliquant un intervalle constant entre chaque sélection, par exemple dans une population constituée de dossiers de marchés (l'auditeur retiendra un dossier, tous les cinq marchés).

6.2.1 <u>Constitution de l'échantillon de marchés</u>

Si l'approche statistique **ou sélection aléatoire** permet de soutenir des conclusions et des recommandations de manière plus crédible, sa constitution peut s'avérer difficilement compatible avec les contraintes de temps d'un contrôle des marchés. Elle doit notamment intégrer le risque d'échantillonnage (risque que la conclusion basée sur un échantillon soit différente de celle à laquelle il serait parvenu si l'ensemble de la population avait été soumis à la même procédure).

APPROCHE STATISTIQUE ET DÉTERMINATION DE LA TAILLE D'UN ÉCHANTILLON (Taille de la population, niveau de fiabilité et marge sécurité-erreur)

Niveau de fiabilité	Marge de sécurité-erreur	Taille de la population étudiée						
		10	15	30	50	100	150	200
1%	2%	10	15	29	49	**97**	146	194
	5%	9	14	27	46	**91**	137	182
	10%	8	12	24	41	**81**	122	163
5%	2%	8	12	24	39	**79**	118	158
	5%	7	11	22	37	**74**	111	148
	10%	7	10	20	33	**66**	99	132
10%	2%	6	10	19	32	**64**	96	128
	5%	6	9	18	30	**60**	90	121
	10%	5	8	16	27	**54**	81	107

La taille des échantillons est calculée à partir de la population de 100, qui constitue la base, suivant la formule :

Échantillon à base 100 (Colonne en vert)
=
(TP_{100}– ($TP_{100 * \%}$ marge sécurité)) x %niveau de risque correspondant.

Soit pour le premier chiffre de la colonne en surbrillance avec un niveau de risque de 99% avec une marge de sécurité à 2%, 5% et 10%

[100 - (100***2%**)] ***99**%=97

[100 - (100***5%**)] ***99**%=91

[100 - (100***10%**)] ***99**%=81, etc.

Plus le nouveau de fiabilité est bas, plus le risque est élevé. Par ailleurs, plus le niveau de sécurité ou de confiance par rapport au choix opéré sur certains éléments de la population est faible, plus l'échantillon sera important.

Plus la marge de sécurité (degré de conviction de faire le bon choix) est grande et moins il y aura de dossiers à passer en revue. En d'autres termes pour une population de 50, c'est-à-dire pour un nombre de 50 dossiers passés au cours d'une année avec :

- un niveau de fiabilité de 1% et une marge sûreté-erreur de 2% (donc faible), l'échantillon sera de 49, sur une population de 50 ;
- un niveau de fiabilité de 1% et une marge sûreté-erreur de 5%, l'échantillon passera à 46, sur une population de 50 ;
- un niveau de fiabilité de 1% et une marge sûreté-erreur de 10, l'échantillon passera à 41, sur une population de 50 ;

L'analyse préalable des risques permet d'isoler une population significative ou un échantillon suffisamment représentatif (SER) pour chaque mode de passation de marchés ou de type de contrat ou de manière globale. La Sélection de l'échantillon suffisamment représentatif pourra se faire en prenant en compte :

- **l'impact**, sélection des dossiers avec un montant élevé ou encore les acquisitions de caractère stratégiques ;
- **la probabilité**, sélection des points d'alerte les plus facilement et rapidement repérables aux différentes étapes de la procédure.

C'est seulement après avoir tirer les conclusions de cette évaluation que l'auditeur peut poursuivre efficacement sa stratégie d'audit. A ce stade il peut également apporter des modifications à la stratégie d'audit qu'il avait prévu initialement et recadrer la mission. Pour chaque dossier retenu dans l'échantillon suffisamment représentatif, l'auditeur devra retrouver toutes les pièces contractuelles ainsi que les pièces constitutives des marchés ciblés.

Pour rappel, outre l'Avis général de passation de marchés, les pièces constitutives d'un marché comprennent :

- *les avis spécifiques de publication ;*
- *les dossiers d'appels d'offres, et les ANO si requis ;*
- *les lettres de convocation des commissions de passation des marchés ;*
- *les procès-verbaux d'ouverture des plis, les rapports d'évaluation et les procès-verbaux d'attribution, et les ANO si requis ;*
- *les rapports de présentation ;*
- *les différentes correspondances sur les résultats ;*
- *les dossiers d'engagement des dépenses ;*
- *les dossiers d'approbation des marchés ;*
- *les ordres de service de notification d'approbation des marchés ;*
- *les documents de réception pour les autres catégories de marchés.*
- *les ordres de service de commencement des travaux ;*
- *les dossiers de démarrage des travaux ;*
- *les carnets d'attachement des décomptes des travaux,*
- *les dossiers d'approbation des décomptes des travaux ;*
- *les justificatifs de paiements ;*
- *les dossiers sur la réception provisoire (travaux) et définitive ;*
- *les dossiers de nantissement éventuels ;*
- *les dossiers relatifs aux avenants éventuels ;*
- *les dossiers de réclamations éventuelles ;*
- *les dossiers de mise en demeure éventuelle ;*
- *les dossiers de résiliation éventuelle.*

Un classement sur Excel peut être opéré suivant les différents modes de passation de marchés et par catégorie de marchés. Ce qui aide à identifier les marchés à risques potentiels.

Un tri par nature d'acquisition, avec une bonne observation peut aider à déceler les marchés multiples, mais aussi permet de distinguer les marchés exécutés en dehors du Plan de passation des marchés, le nombre de marchés passés avec un même fournisseur, le nombre de marchés passés par entente directe les fractionnements « ou saucissonnage ».

Le « saucissonnage » s'apparente à une segmentation artificielle des besoins de manière à se soustraire aux obligations concurrentielles d'une procédure prévue au Code des marchés.

Chaque Autorité contractante doit exprimer ses besoins en fonction des seuils et suivant des prestations de services homogènes. Pour déterminer si un service est homogène, il faut :

- **pour les marchés de travaux**, s'assurer que la notion d'opération de travaux est bien identifiée par des critères comme la période de temps, une zone géographique donnée, ou un ensemble d'ouvrages caractérisés par une unité fonctionnelle, technique ou économique.
- **pour les marchés de fournitures et de services physiques**, s'intéresser à la notion de famille de prestations et services homogènes par nature.

Quelle que soit la technique employée, la délimitation d'une opération ou d'une catégorie homogène de fournitures ou de services ne doit pas avoir pour effet de soustraire certains marchés aux règles qui leur sont normalement applicables.

**** ***

CHAPITRE VII
VÉRIFICATION DE LA CONFORMITÉ DES PROCÉDURES DE PASSATION DES MARCHÉS

La phase trois de l'exécution d'une mission d'audit des marchés est le moment pour procéder à la vérification des procédures pour en examiner l'application régulière. Pour conduire sa mission, l'auditeur dispose d'un outil précieux qu'est le « guide d'entretien d'audit ».

D'autres institutions donnent à cet outil, le nom de « check-list d'audit », de « questionnaire d'audit » ou de « fiche de méthodologie d'audit ». Cet outil est souvent adapté aux trois principales phases d'une mission d'audit des marchés :

- phase de pré-audit (ou celle de la vision générale) ;
- phase terrain (pour l'identification des risques, de leurs sources, des responsabilités engagées) ;
- phase de restitution des opérations pour la couverture opérée.

Pour le reste, au niveau de ce chapitre il sera utilisé le terme questionnaire d'audit.

7.1 L'OUTIL DE VÉRIFICATION DES PROCÉDURES

Pour vérifier si les procédures ont été bien déroulées, l'auditeur utilise le « questionnaire d'audit » qui est un document conçu par ses soins et qui passe en revue toute la procédure prévue y compris l'examen des documents généraux sur les marchés passés.

Le « questionnaire d'audit » comporte des points de contrôle, tant sur la passation, sur l'exécution que sur la conservation des dossiers de marchés. Un modèle de « questionnaire d'audit » est présenté en annexe.

7.1.1 Administration du questionnaire d'audit

Chacun des items, ou chaque rubrique du « questionnaire d'audit » devra recevoir une réponse et fera l'objet d'un examen pointu. Cet examen porte sur tous les dossiers de marchés retenus dans l'échantillon représentatif arrêté par l'auditeur.

Durant la phase de terrain ou d'exécution de la mission d'audit, pour chaque dysfonctionnement constaté l'auditeur rédigera ce que la doctrine appelle « la feuille de révélation des problèmes ou (FRAP) ».

La FRAP est un document de synthèse élaboré par l'Institut français de l'Audit et du Contrôle internes (IFACI) qui s'intègre dans la méthodologie générale d'audit. La FRAP qui aide à conduire et à structurer le raisonnement de l'auditeur jusqu'à la formulation d'une recommandation.

En fait, l'auditeur se sert de la feuille de révélation des problèmes pour mener à bien son raisonnement en y consignant les différentes phases dans leur ordre chronologique et logique, ce document lui permet de :

- formaliser la nature des problèmes pour chaque segment des processus de passation, d'exécution et d'archivage des marchés ;
- d'apprécier la cause de chacun de ces problèmes et ses éventuelles conséquences ;
- et proposer des recommandations pour d'une part, apprécier qualitativement les bonnes pratiques et d'autre part, suggérer des actions correctives pour tout ce qui s'écarte de la doctrine.

La FRAP doit porter, au besoin, les indications des résultats des discussions avec les audités. Les feuilles de révélation des problèmes élaborées par l'auditeur lui sont d'une grande utilité notamment lors de la rédaction du rapport d'audit, elles constituent la base de son travail de restitution.

Il arrive parfois qu'une mission d'audit des marchés aille au-delà de la simple vérification des procédures et s'intéresse à son efficacité. Il peut alors être demandé à un auditeur de formuler une opinion sur le Système des marchés publics et les procédures appliquées ; de porter un œil critique sur la pertinence des délais accordés pour la mise en œuvre des procédures, etc.

7.2 VÉRIFICATION ET ANALYSE DES PROCÉDURES.

Sur la base des items contenus dans le « questionnaire d'audit », l'auditeur approfondit ces investigations par rapport à la régularité des procédures. Pour cela, il passe en revue les différentes étapes de la passation et d'exécution des marchés, il s'agira de faire une analyse critique de tous les processus relatifs à la prestation.

7.2.1 Audit de la définition du besoin.

Les contrôles concernent trois approches complémentaires pour la détermination du besoin : les aspects amont de son identification ; la pertinence et la régularité de sa définition.

7.2.1.1 Aspects amont de l'identification du besoin

L'auditeur vérifiera si chaque besoin identifié à travers un marché s'inscrit dans une stratégie de planification de la passation de marchés, qu'elle soit globale, ou spécifique à un marché. La définition du besoin a-elle été réellement un préalable ?

Cela est essentiel au regard des principes généraux de la Commande publique (liberté d'accès et transparence des procédures). L'anticipation du besoin par l'Autorité contractante est-elle suffisante pour lancer en temps utile une consultation, sans avoir à invoquer, à tort, une urgence impérieuse ou solliciter une Entente directe ?

7.2.1.2 <u>Pertinence de la définition du besoin :</u>

Le besoin est-il suffisamment défini ?

Le besoin est-il réalisable ?

Le besoin exprimé n'est-il pas excessif ?

Le besoin n'est-il pas, de façon infondée, sous-estimé ?

En toute hypothèse, l'expression d'un besoin par une Autorité contractante pour ses services ne doit pas excéder la capacité d'absorption de ses services.

7.2.1.3 <u>Régularité de la définition du besoin :</u>

Le besoin, objet du marché, est-il régulier ?

L'Autorité contractante n'a-t-elle pas mentionné de façon injustifiée, des spécifications techniques qui visent une marque, un brevet, un type, une origine, une production déterminée dont la finalité a pour effet de favoriser ou d'écarter certains produits ou productions ?

N'y a-t-il pas de confusion entre les options et les variantes qui relèvent d'une proposition du candidat ?

7.2.2 <u>Conséquences liées à l'analyse des besoins</u>

La définition du besoin est une exigence en tant que telle et conditionne le choix de la procédure qui a été mise en œuvre. Une mauvaise définition du besoin peut engendrer de graves conséquences parmi lesquelles il nous est possible de citer les suivantes :

- nullité du marché s'il a été utilisé pour organiser la concurrence des spécifications techniques qui induisent une atteinte au principe d'égalité des candidats ou un délit de favoritisme ;
- inadéquation de l'objet du marché et du besoin réel du fait de sa définition incomplète ou parcellaire ;
- sous-estimation ou estimation non fondée du besoin pouvant engendrer l'acquisition de biens inutilisés ; ou plusieurs marchés « complémentaires » ;
- impact sur l'efficacité économique et la maîtrise des coûts avec un regroupement insuffisant des expressions faites par les structures rattachées n'ayant pas une autonomie financière ;
- évaluation incomplète qui n'intègre pas les dépenses connexes ou induites ce qui entraîne une imprécision des besoins altérant les conditions de la mise en concurrence.

7.2.3 Audit du choix de la procédure

L'auditeur vérifie le respect des seuils devant déclencher telle ou telle procédure, mais aussi, l'adéquation de la procédure choisie par rapport à l'objet du marché.

7.2.3.1 Contrôles sur le choix de la procédure

a. Sincérité de l'estimation du besoin

L'auditeur pour s'assurer de la sincérité de l'estimation du besoin. Pour ce faire, il doit contrôler que le besoin est non abusivement fractionné, dans le but d'échapper aux règles (risque de plusieurs marchés pour un même objet (saucissonnage). Il doit aussi voir si le découpage du besoin en lots est cohérent au regard des caractéristiques techniques des prestations objet du marché.

b. Choix de la procédure au regard des seuils.

Le choix de la procédure de mise en concurrence repose sur l'estimation du montant du marché et son objet. Selon son objet, un marché est classé dans l'une des trois catégories suivantes :

- marchés de travaux du bâtiment et des constructions (routes, ports, barrages, infrastructures urbaines),
- marchés de fournitures : achat de matériels, de mobilier ou de produits « en l'état » ;
- marchés de services physiques (entretien de locaux) ;
- marchés de prestations intellectuelles (conseil juridique, etc.)

Pour chaque catégorie de marché, l'auditeur doit contrôler la compatibilité du choix de la procédure avec l'objet et le montant du marché. L'existence de seuils de procédures permet d'apprécier la proportionnalité entre le degré de formalisme imposé et l'enjeu économique de l'acquisition. Les seuils applicables sont généralement fixés par les textes qui accompagnent un Code des marchés ou sont dans les annexes des directives d'un bailleur.

L'auditeur doit notamment contrôler l'adéquation entre la procédure choisie et les seuils réglementaires. Pour les procédures de passation des marchés publics de travaux fournitures et services physiques, l'appel d'offres ouvert est celui à utiliser par défaut. C'est la procédure la plus adaptée lorsque le contrat dépasse un certain montant. Le recours à cette procédure reste toujours possible en deçà des montants où elle est obligatoire. En dessous d'un seuil à partir duquel le choix de la procédure est encadré, il convient de s'assurer du respect des principes fondamentaux de la commande publique.

7.2.3.2 Conséquences liées au choix d'une procédure

Les conséquences d'un mauvais choix sur la procédure sont :

- le délit d'octroi d'avantages injustifiés ou délit de favoritisme même en l'absence de volonté de favoriser un candidat ;
- l'irrégularité du marché du fait de l'inadéquation entre la nature et le montant du besoin et le choix de la procédure ;
- fractionnement infondé du besoin afin d'échapper aux règles d'un code des marchés publics ou non-allotissement injustifié.

7.2.3.3 Description du marché et de la procédure

a. Identification et contrôle du calendrier de la procédure

Cette démarche simple et pragmatique d'identification du calendrier de la procédure de marché permet de mettre en exergue la chronologie et facilite le contrôle des délais, qu'ils soient ou non définis par la réglementation. Pour les délais et durées qui ne sont pas définis par le règlement par exemple : la phase de définition du besoin, c'est la cohérence de l'ensemble de la procédure de marché que l'auditeur est invité à contrôler.

Il convient également d'examiner non seulement la durée laissée aux candidats pour répondre, mais aussi la période concernée (période de fêtes religieuses, fêtes de fin d'année, période courte au niveau du calendrier et comportant de nombreux jours fériés avec (ou non) des « ponts », etc.

De même, il importe d'examiner les durées de dépouillement (ouverture des offres), les délais de prise de décision et d'attribution du marché et d'information de l'ensemble des candidats ainsi que les délais entre les différentes étapes. Enfin, l'auditeur pourra comparer la part des délais imputables aux délais réglementaires et celle qui est liée aux délais propres à l'Autorité contractante.

b. Analyse du dossier de consultation

De manière générale, les documents doivent être exacts, non ambigus, non contradictoires entre eux, complets, rédigés de façon claire et normalement compréhensible, précis (en particulier, la durée doit être impérativement définie). Il est pertinent pour l'auditeur de vérifier les conditions d'élaboration de ces documents.

L'auditeur pour ce faire accordera une attention particulière au contenu du Dossier de consultation, à la mise en œuvre du principe d'allotissement ; au contenu des clauses (en particulier qu'elles n'avantagent pas un candidat) et à l'opportunité et la pertinence des clauses dérogatoires au CCAG correspondant ; et s'il y a lieu, à la régularité des modifications apportées.

Une mauvaise maîtrise de l'élaboration des documents ou l'insuffisante précision du Dossier de consultation peuvent provoquer des motifs d'annulation de la procédure, une sous-évaluation du coût réel final ou la non-conformité des réponses aux besoins. Il peut exister une entrave volontaire à la mise en concurrence (rédaction orientée du dossier ou du règlement de la consultation, privilégiant l'un des futurs candidats au marché.

1) Etapes du contrôle du Dossier de consultation

En pratique, l'auditeur procède souvent en deux temps en analysant en premier lieu les clauses qui définissent les conditions de la mise en concurrence, puis dans un second temps celles qui concernent l'exécution du marché.

i. Vérification des conditions d'élaboration du Dossier

Si un candidat a contribué à la rédaction des pièces contractuelles, il faut pouvoir justifier que sa participation lui donne un avantage comparatif de départ, auquel cas il ne peut pas participer à la consultation.

ii. Vérification du contenu du Dossier

Au-delà des principales pièces constitutives, un Dossier de consultation varie selon l'objet du marché et la nature de la procédure de passation. De manière générale, les documents doivent être exacts, non ambigus, non contradictoires entre eux, complets, rédigés de façon claire et normalement compréhensible, précis (en particulier, la durée doit être impérativement définie).

iii. Vérification du contenu des clauses particulières

Des clauses techniques particulières qui écartent un produit susceptible d'atteindre le même résultat que le produit spécifié, favorisent des dispositions irrégulières. Il appartient à l'Autorité contractante de justifier que les spécifications techniques figurant dans le CCTP et qui ont pour effet de limiter la concurrence sont justifiées par des nécessités propres au service public.

L'indication d'une spécification technique qui désigne en fait la marque d'un produit déterminé est une clause discriminatoire. Ainsi dans un cahier des charges on ne peut demander à acquérir des tracteurs « CATERPILLAR » sans rajouter la mention « ou équivalent », car ce produit peut ne pas avoir la même configuration ou les mêmes performances qu'un tracteur d'une autre marque.

Par ailleurs, l'auditeur vérifiera particulièrement :

- qu'il n'y a pas de dispositions de nature à favoriser un candidat;
- qu'il est fait référence au bon CCAG et que les dérogations au CCAG sont bien nécessaires et n'ont pas pour effet de favoriser une entreprise ;
- plus largement que le dossier de consultation permet de déterminer précisément la nature de la prestation à réaliser et les besoins réels de l'Autorité contractante.

iv. <u>Vérification de la régularité de la modification du Dossier</u>

L'application du principe d'égalité devrait conduire à interdire toute modification des documents de consultation ; cependant, des exceptions très encadrées existent pour ne pas imposer le déroulement d'une procédure à partir de documents mal rédigés ou inadaptés à la satisfaction des besoins. Les marges de manœuvre sont différentes selon que la modification a lieu avant ou après le dépôt des offres.

(i) <u>Modification(s) du Dossier avant le dépôt des offres</u>

Les modifications du Dossier de consultation avant la remise des offres restent possibles, mais sont encadrées. Elles doivent être portées à la connaissance des Candidats ayant déjà retiré ledit dossier, et faire l'objet d'un « avis rectificatif ».

Les candidats doivent disposer d'un délai suffisant pour adapter leur offre en fonction des modifications introduites. Lorsque les modifications apportées à l'objet ou aux conditions initiales du marché sont substantielles, un délai minimal réglementaire devra à nouveau être respecté à compter de l'envoi à publication de l'avis rectificatif pour permettre aux Candidats de disposer du délai utile pour déposer une offre, en tenant compte des conditions nouvelles.

(ii) <u>Modification(s) après le dépôt des offres</u>

Après la remise des offres, toute modification du Dossier de consultation est en principe interdite. Tout au plus, une mise au point du marché avec l'attributaire, une fois que celui a eu à remplir l'ensemble des critères de l'offre et des critères de qualification, peut être envisagée.

Les modifications apportées par la mise au point concernent les stipulations contenues dans les pièces constitutives du marché ou de l'accord-cadre. Elles ne doivent pas pouvoir remettre en cause les caractéristiques substantielles de l'offre retenue ni le classement des offres.

7.2.3.4 Audit de la procédure de mise en concurrence

a. Vérification de la conformité de la publicité

1) ouverture des plis d'une procédure prévue

L'auditeur vérifiera si :

- la commission compétente a procédé à l'ouverture des plis ;
- les exigences en matière de publicité ont été satisfaites ou l'appel public à candidatures n'a pas été vicié ;
- les offres ont été ouvertes aux heure et date consignées dans l'Avis d'appel d'offres (AAO) ;
- un procès-verbal d'ouverture des plis a été établi à cet effet.

2) Revue des exigences de publicité

Le contenu de l'avis d'appel d'offres (AAO) doit faire l'objet d'un examen attentif. Les avis publiés dans un journal à large tirage ont-ils le même contenu que celui publié sur le site des marchés publics ou celui du bailleur partenaire. L'Auditeur devra aussi procéder à la vérification du

- correct renseignement des rubriques du modèle d'avis (les omissions, erreurs ou ambiguïtés dans le renseignement des rubriques sont autant d'occasions pour les candidats évincés de demander l'annulation de la procédure) ;
- respect de la règle du dernier tiers pour les demandes d'éclaircissements renseignements avec délais de réponses suffisants pour revoir ou recadrer les offres.

Le défaut d'indications pertinentes ou l'imprécision des mentions figurant dans l'avis d'appel d'offres (AAO) nuit à la bonne information des candidats potentiels et au respect du principe d'égalité de traitement. Le délai accordé pour le dépôt des offres doit être suffisant au regard des dispositions du Code des marchés publics ou autres dispositions réglementaires.

En cas d'erreur affectant l'avis d'appel d'offres (AAO), il est exigé la publication d'un avis rectificatif avec un report de la date limite de dépôt des candidatures. Au cas où il serait apporté une modification substantielle aux informations de la mise en concurrence, les délais sont généralement prolongés du minimum fixé par la réglementation.

Il s'agit donc de vérifier que les règles de publicité ont bien eu pour but d'informer clairement les candidats potentiels de l'objet et des contraintes techniques du marché et de donner à tous le même délai raisonnable pour formuler une offre cohérente.

b. Vérification de l'objectivité de l'évaluation des offres

1) Respect du principe de transparence des procédures

Une analyse objective des offres, permettant d'obtenir les conditions économiques et qualitatives les plus favorables, repose en amont sur la définition par l'Autorité contractante de son besoin sur la base d'une bonne connaissance du secteur d'activité et des exigences proportionnées au besoin, afin de susciter une mise en concurrence optimale et de limiter le coût des procédures. Aucun acteur ayant participé à la définition du besoin ne peut se porter candidat.

2) Respect des principes de liberté d'accès et d'égalité de traitement des Candidats.

Le principe de l'égal accès à la commande publique implique l'impossibilité d'écarter par principe une candidature ; sauf le cas particulier d'opérateurs économiques placés, sous l'effet d'une interdiction de faire une soumission.

La possibilité offerte aux candidats de compléter leur dossier de candidature doit être mise en œuvre dans le respect de l'égalité de traitement. Cependant, cette possibilité ouverte par le code des marchés publics n'est pas une obligation imposée à l'Autorité contractante, sauf en ce qui concerne les pièces administratives.

3) Les candidatures doivent reposer sur la réelle pluralité des dossiers.

L'auditeur doit être vigilant pour identifier une pluralité fictive de Candidats (prête-nom, sociétés fictives, sociétés différentes, mais dirigées par les mêmes personnes) ce qui relève d'une collusion active. La conséquence est que les prix issus d'une telle concurrence sont élevés, les principes d'économie, de transparence non respectés.

4) Les offres doivent être analysées avec objectivité

L'analyse des offres est faite de manière collégiale et implique souvent des personnes de services différents (ceci ne constitue pas une obligation juridique, mais est une bonne pratique) ; en toute hypothèse, les personnes concernées doivent être compétentes professionnellement et techniquement pour procéder à l'examen de ces offres.

Les critères choisis, ainsi que les sous-critères, doivent toujours être objectifs, opérationnels et liés à l'objet du marché. L'Autorité contractante peut librement choisir les critères de sélection des offres : les critères énumérés dans les codes des marchés ou dans les Dossiers types ne sont pas limitatifs.

Ces critères de sélection et de qualification sur lesquels se base la Commission de passation des marchés publics doivent avoir été rendus publics dans l'avis d'appel d'offres ou dans les documents de la consultation ; être non discriminatoires et liés à l'objet du marché et être suffisamment précis pour ne pas laisser une liberté de choix discrétionnaire à l'Autorité contractante.

Les modalités d'application des critères de comparaison des offres doivent être conformes à l'avis d'appel d'offres (AAO) ou au règlement de la consultation. Les critères de sélection des offres ne peuvent être modifiés après le dépôt des offres des candidats.

La qualité et la cohérence des motifs invoqués pour éliminer des offres doivent garantir la sécurité juridique de la procédure de sélection. L'auditeur doit examiner avec attention le dossier d'analyse des offres. Il regardera le cas échéant la manière dont une offre à prix aberrants aura été traitée (de même celle d'une entreprise non pérenne ou en difficulté).

5) Le Candidat retenu doit satisfaire à la fois les critères de sélection et de qualification

L'auditeur s'attachera à vérifier si le prestataire retenu l'a été sur la base de la déclinaison autorisée par la réglementation (par exemple : « l'offre conforme évaluée moins-disant »). Il vérifiera, par ailleurs, si cela est requis, les avis de non-objection ou avis favorable délivrés pour la poursuite de la procédure. L'auditeur vérifiera si le Candidat, en pole position, a produit les attestations fiscales et sociales exigées pour candidater à un marché public.

L'auditeur accordera une attention particulière aux éléments de l'offre relatifs à la capacité technique de l'attributaire pressenti en ce qui concerne son personnel, ces moyens de travail par rapport aux exigences du marché, mais aussi les réalisations en tant qu'entreprise principale pour des marchés précédents, c'est-à-dire l'expérience pertinente de ce dernier pour le marché envisagé.

Par ailleurs, il examinera si le candidat attributaire provisoire du marché n'est pas toujours le même pour d'autres prestations du même type. Pour ce faire, l'auditeur devra vérifier les tableaux des acquisitions en effectuant des tris suivant la catégorie de produits et nombre de marchés concernés ou suivant une répartition des acquisitions par attributaire.

Pour les processus d'évaluation et d'attribution des marchés, l'auditeur vérifiera la durée consacrée à l'analyse des offres pour voir si elle n'est pas anormalement longue. L'efficacité dans le déroulement des procédures est un principe à respecter.

c. Vérification de l'information des candidats sur l'attribution

Conformément aux dispositions réglementaires, il est procédé à la publication de l'attribution provisoire et à l'information immédiate des candidats par écrit. La publication de l'avis d'attribution provisoire fait courir les délais de recours si les mentions utiles sont renseignées.

Cette information des candidats s'effectue à l'issue de l'analyse des offres et l'approbation de la procédure d'évaluation et d'attribution du marché par la structure de contrôle des marchés habilitée. Une information non conforme peut cacher une attribution irrégulière. C'est aussi le moment de vérifier si les garanties de soumission ont fait l'objet d'une mainlevée.

1) Information des candidats évincés

L'Autorité contractante est tenue de procéder à l'information de tous les candidats, dès qu'elle a fait son choix sur une candidature ou une offre. Elle se doit, par ailleurs, de communiquer à tout candidat qui en fait la demande, par écrit, les motifs du rejet de son offre, dans un délai fixé en jours ouvrables à compter de la réception de cette demande. L'auditeur s'attachera à vérifier que cette information des candidats est effectuée et est motivée.

2) Information du candidat attributaire provisoire

L'information du candidat retenu est faite relativement au montant du marché attribué, il lui est généralement servi une invitation pour accomplir les formalités de signature du marché.

d. Achèvement de la procédure de passation

Le marché signé par les deux parties au contrat est soumis à l'avis de la structure de contrôle des marchés et à l'approbation de l'Autorité compétente. Le marché approuvé et numéroté est accompagné de la lettre de notification (original et copie).

1) Vérification du respect de l'obligation de notification

Un marché doit être notifié, au titulaire, avant tout commencement d'exécution. En principe, c'est à compter de la date de notification au titulaire que le contrat commence à produire ses effets juridiques.

L'Autorité contractante a donc tout intérêt à connaître, de manière certaine, la date de réception de la notification par le titulaire du contrat, par exemple par envoi en recommandé avec accusé de réception. Le titulaire doit attendre d'avoir reçu la notification, avant de commencer à exécuter le contrat, faute de quoi les prestations exécutées n'auront aucune base juridique et leur paiement pourra être refusé.

2) <u>Vérification du respect de l'obligation de publication d'un avis d'attribution définitif</u>

Pour les Procédures prévues dans un code des marchés ou dans les accords de financement, l'Autorité contractante doit publier l'avis d'attribution définitif après la notification du marché, dans les mêmes conditions en utilisant les mêmes moyens publicitaires que ceux utilisés lors du lancement de l'avis d'appel d'offres. La publication d'un avis d'attribution définitif vide la procédure de toute possibilité de recours ou de contestation ultérieure.

**** ***

CHAPITRE VIII
VÉRIFICATION DE LA RÉGULARITÉ DES PROCÉDURES D'EXÉCUTION DES MARCHÉS

Trois axes de contrôle seront présentés : un premier sur l'exécution physique des prestations, un deuxième sur l'exécution financière du contrat et le troisième est relatif aux avenants.

8.1 VÉRIFICATION DE L'EXÉCUTION PHYSIQUE.

8.1.1 Prestations réalisées avant l'entrée en vigueur du marché ?

Suivant le principe de la non-rétroactivité des actes administratifs, il n'est pas légalement autorisé de fixer l'entrée en vigueur d'un marché public, à une date antérieure à celle de sa notification. La date de notification est la date de réception et de décharge de la lettre transmettant l'exemplaire approuvé du contrat par le titulaire du marché. « A l'exception du cas d'échange de lettres, le marché ou l'accord-cadre prend effet à compter de la notification ».

Concrètement, il convient de se faire produire la lettre de notification du marché et de comparer sa date avec celle du premier bon de commande ou ordre de service. Si cela est possible, l'auditeur cherchera à vérifier si les prestations n'ont pas effectivement commencé avant la date de notification de ces pièces. Dans le cas contraire, il est fort probable que l'on soit en présence d'un marché de régularisation, ce qui est formellement interdit par la réglementation sur les marchés publics.

8.1.2 S'assurer que les prestations réalisées ont bien été commandées

Il s'agit ici de s'assurer que, sauf dérogation prévue au CCAP, toute prestation est bien réalisée suite à l'émission d'un bon de commande ou d'un ordre de service.

8.1.3 S'assurer que les prestations ont été totalement réalisées

Pour cela, il convient de s'assurer que le circuit du « service fait » déterminé dans la procédure a bien été respecté. Il conviendra de se faire produire, par échantillon, en cas de volumétrie trop importante, les procès-verbaux de réception, d'ajournement, de rejet, ou tout autre document permettant la vérification physique de la livraison.

L'ensemble de ces documents doit être archivé par le service des achats ou la Cellule de passation des marchés. En tout état de cause, l'auditeur doit s'assurer que la procédure de réception précisée dans le CCAP (qui peut renvoyer au CCAG correspondant) est bien respectée. Cette procédure peut être plus ou moins complexe selon la nature du marché (travaux, services ou fournitures).

En tout état de cause, en ce qui concerne la réception des prestations l'auditeur doit :

- s'assurer que la réception est matérialisée sur un document notamment, un bordereau de réception pré numéroté (vérifier le respect des séquences numériques) signé par les réceptionnistes ;
- L'auditeur vérifiera si les membres de la commission de réception ont été formellement désignés et qu'aucun d'entre eux n'occupe des fonctions incompatibles (par exemple : prescripteur des spécifications, réceptionnaire, utilisateur ou bénéficiaire en même temps) ;
- s'assurer que les vérifications nécessaires sont faites pour confirmer que les articles livrés sont de qualité surtout s'il s'agit d'articles techniques (pièces détachées, ordinateurs, etc.) ou du respect des normes ou du contrat entre les deux parties ;
- vérifier que les services utilisateurs ont la possibilité d'alerter la fonction d'achats en cas de défaillance dans les articles.

Un constat physique peut également être réalisé, mais il peut être parfois difficile à mener selon la nature des prestations (prestations intellectuelles ou services physiques).

8.1.4 <u>Les prestations ont été réalisées dans les délais contractuels</u>

Le contrôle de l'exécution de la prestation doit permettre de vérifier la qualité du titulaire du marché, à travers l'étude du taux de rejet partiel ou total de livraisons et l'importance des réserves. Ces indicateurs peuvent permettre de déterminer la qualité du suivi du marché. Une absence totale de rejet peut aussi être signe d'une absence de contrôle.

Ces indicateurs peuvent être complétés par l'analyse du délai entre l'ordre de service et la réception des prestations. Cette analyse dépend de l'objet du marché, très court pour des biens livrés à un entrepôt ; il peut être important pour des prestations intellectuelles complexes. Un délai long au regard des pratiques habituelles pour une prestation courante peut constituer une anomalie. A contrario, un délai très réduit pour certains types de marchés peut s'analyser comme une absence de contrôles approfondis.

Certains marchés prévoient des garanties pour protéger l'Autorité contractante en cas de malfaçons (retenue de garantie que le titulaire peut remplacer à son gré par une garantie à première demande ou garantie solidaire financière qui peut être demandée aux membres d'un groupement). Si une telle garantie est prévue (généralement dans l'acte d'engagement ou le CCAP), il conviendra de s'assurer qu'elle a bien été remise et est conservée avec les pièces du marché.

8.1.5 Les prestations ont été réalisées suivant la qualité attendue

L'exécution de la prestation, ainsi que la qualité de sa réalisation doivent faire l'objet d'une attention particulière, car cela peut impacter la satisfaction des besoins des services et sur l'économie financière du marché. En effet, des pénalités pour non-respect des délais d'exécution ou non-réalisation conforme des prestations sont généralement prévues et doivent être appliquées.

L'Autorité contractante peut renoncer à l'application de pénalités sans que cela remette en cause les conditions initiales de mise en concurrence. Toutefois, la non-application des pénalités doit être argumentée et autorisée. Elle peut faire l'objet d'un audit. Une telle pratique peut parfois être le signe de la concrétisation de risques spécifiques comme la remise en cause des conditions de la concurrence initiale ; ou une entente illicite.

8.2 VÉRIFICATION EXÉCUTION FINANCIÈRE.

Dans le cadre de leurs activités de tous les jours, les services comptables d'une Autorité contractante contrôlent tous les aspects liés à l'exécution financière des marchés. Une première approche peut consister en la prise de connaissance des différents échanges entre le comptable et le service opérationnel initiateur du marché : les différentes communications (lettre d'observations ou rejets) pourront être demandées au service financier.

8.2.1 S'assurer du respect de la chaîne d'exécution financière

L'auditeur se référera ici aux circuits de gestion des finances publiques. Il se fera produire les documents relatifs à la procédure et s'assurera que la transmission des pièces nécessaires à l'engagement (pièces de marché et notification) a bien été respectée, ainsi que les habilitations pour l'émission du Bon de commande, l'attestation du service fait.

8.2.2 S'assurer de l'exactitude des différents types de paiements

Une avance peut être versée conformément à la réglementation des marchés publics. Lorsque le montant de l'avance accordée est égal ou supérieur à 20%, cette avance ne pourra être versée qu'après que le titulaire ait constitué une garantie de restitution d'avance d'égal montant à l'avance consentie ou une garantie à première demande.

Le montant des acomptes versés ne peut être supérieur au montant des prestations réalisées. Il doit par ailleurs correspondre au montant des factures ou des décomptes de travaux préalablement acceptés. Les opérations effectuées par le titulaire d'un marché donnant lieu à des versements d'avances ou d'acomptes, à règlement partiel définitif, ou à paiement pour solde, sont constatées par un écrit établi par le Maître d'œuvre ou par le titulaire, vérifié et accepté par le Maître d'ouvrage.

8.2.3 Vérifier la correcte application des prix fixés au marché ;

L'auditeur au niveau des factures du titulaire, vérifie si les prix consignés sont conformes à ceux du contrat. Il veillera par ailleurs à s'assurer :

- de la correcte application des clauses d'actualisation ou révision des prix (avec référence aux indices disponibles) ;
- que la récupération de l'avance est réalisée conformément aux dispositions du marché ou à défaut d'une mention dans les documents, lorsque le marché est exécuté à plus de 80%.

L'auditeur vérifiera la périodicité des versements des acomptes (périodicité maximale trimestrielle ou mensuelle), et en fin de marché (marchés à prix forfaitaire en particulier), il analysera les modalités de détermination du solde.

Il conviendra de s'assurer aussi que le montant maximum du marché n'a pas été dépassé (contrôle à effectuer sur le montant hors taxe sur la valeur ajoutée (HTVA), hors actualisation ou révision de prix).

> **Remarque** : les sous-traitants de premier rang ont droit au paiement direct dès lors que les conditions d'acceptation et d'agrément sont satisfaites.

Dans ce cas, un acte de sous-traitance doit être présenté et accepté par L'Autorité contractante. Les demandes de paiement seront réalisées au profit du sous-traitant, directement sur son compte. Ce sous-traitant a également droit à bénéficier d'une avance (le montant de celle-ci sera déduit de celle versée au titulaire).

Le titulaire du marché reste seul responsable des obligations afférentes au marché. C'est donc lui et lui seul qui doit présenter les garanties prévues au marché (garantie de bonne exécution (GBE), ou, le cas échéant, application d'une retenue de garantie de 5% sur les factures).

> **Remarque :** la retenue de garantie, d'un montant maximal de 5 % du montant du marché – avenants inclus, doit être libérée un mois après l'expiration du « délai de garantie » au vu du Procès-verbal de levée des réserves.

8.2.4 Vérifier le respect des délais de paiement

Le délai de paiement peut avoir un impact sur la relation avec le fournisseur. Le non-respect de ce délai est sanctionné financièrement et engage donc les dépenses publiques avec le paiement des intérêts moratoires.

L'auditeur rapprochera la date de réception de la facture (ou de la date de certification du service fait si celle-ci est postérieure) et la date de paiement. En cas de dépassement de délai, s'assurer que des intérêts moratoires sont liquidés.

8.3 LE RECOURS ABUSIF AUX AVENANTS.

Les codes de marchés publics de même que la plupart des accords avec les bailleurs ou partenaires financiers précisent les conditions de recours à un avenant et ses limites. En cas de sujétions techniques imprévues ne résultant pas du fait des parties, un avenant peut intervenir, quel que soit le montant de la modification qui en résultante. Dans tous les autres cas, un avenant ou une décision de poursuivre ne peut bouleverser l'économie du marché (aller au-delà de 30% du montant ni changer son objet).

8.3.1 Vérifier le bien-fondé des avenants

Pour vérifier le bien-fondé des avenants, l'auditeur doit être vigilant par rapport aux principaux signaux d'alerte par rapport à la conclusion des avenants ayant comme résultante, la non-satisfaction du besoin initial avec une qualité des livrables inférieure aux attentes, des prestations non (ou partiellement) réalisées, des retards de livraison et si le nombre d'avenants est important, cela constitue un indice de dérive budgétaire. L'auditeur listera les différents avenants intervenus sur le marché et dressera un constat des différents motifs, ce qui lui permettra de contrôler les points suivants.

8.3.1.1 Avenant pour terminer des prestations pour un Marché au forfait.

L'auditeur devra s'assurer que l'avenant n'a pas pour objet, l'exécution de prestations de même nature, que celles initialement prévues dans un Marché au forfait, qui n'auraient pu être achevées. Si les prestations sont de même nature, il ne peut y avoir d'avenant car tout devait être supporté dans le forfait.

8.3.1.2 Avenant modifiant des termes de référence ou spécifications techniques.

L'auditeur devra s'assurer que l'avenant n'a pas pour objet d'apporter des modifications substantielles dans des termes de référence ou les spécifications techniques, cela est interdit. La formulation de nouvelles spécifications techniques ou de termes de référence peut correspondre à un changement de l'objet du Marché.

8.3.1.3 Avenants modifiant le calcul et les conditions de versement de l'avance.

L'auditeur devra s'assurer que l'avenant n'a pas pour objet d'apporter des modifications à l'avance de démarrage. Il est interdit de modifier le taux et les conditions versement de l'avance.

8.3.1.4 Interdiction de consentir des libéralités.

L'auditeur devra s'assurer que l'avenant n'a pas pour objet de payer des sommes pour une indemnisation ou pour régler un litige.

8.3.1.5 Avenant et clauses de variation des prix.

Il est conseillé de ne pas modifier les clauses de variation des prix, au risque de toucher à un élément substantiel du contrat, ou d'en bouleverser l'économie et de remettre fondamentalement en cause les conditions de mise en concurrence initiale.

En effet, un avenant qui insère ou modifie une clause de révision, une formule ou des index est illégal, car il a nécessairement pour effet de modifier les conditions de la mise en concurrence initiale.

Cependant, un avenant peut modifier une formule de variation, lorsqu'il y a une erreur matérielle évidente telle que les cocontractants ne peuvent s'en prévaloir de bonne foi, rendant inapplicable cette formule.

8.3.1.6 Avenant ou décision de poursuivre ?

Dans le cas particulier où le montant des prestations exécutées atteint le montant prévu par le marché, pour la poursuite de l'exécution des prestations, il peut être demandé d'appliquer les prix indiqués au marché à prix unitaires (uniquement) avec la conclusion d'un avenant ou, si le marché le prévoit, par une décision de poursuivre prise par l'Autorité contractante.

Toutefois, il importe de noter que, l'utilisation de la décision de poursuivre obéit à certaines conditions :

- doit être prévue au contrat (à noter que le CCAG Travaux ne fait plus référence à cet acte) ;
- la décision de poursuivre ne peut être utilisée que pour augmenter le volume des prestations à réaliser, dans un marché à prix unitaires, pour parvenir à l'achèvement de l'ouvrage, et ces prestations ne peuvent en aucun cas être différentes de celles prévues au marché initial ;
- le prix du marché doit correspondre au total du bordereau des prix initial. Il s'ensuit qu'il est impossible de recourir à la décision de poursuivre pour introduire des prestations nouvelles ou différentes de celles du marché initial ou de nouveaux prix) ;
- elle ne doit, en aucun cas, bouleverser l'économie du marché ni en changer l'objet.

8.4 VÉRIFICATION DES MARCHÉS COMPLÉMENTAIRES.

Les marchés complémentaires sont des marchés nouveaux (et non des avenants) passés sans mise en concurrence ni publicité en application de dispositions dérogatoires ou exceptionnelles. A ce titre, ils constituent des procédures à risques et devront être systématiquement retenus dans l'échantillon des marchés à auditer.

La possibilité de recourir à un marché complémentaire doit être prévue dans le règlement des marchés publics ; faute de quoi, il ne peut en être fait usage. Ces marchés, distincts du marché initial qu'ils complètent, peuvent être passés sans publicité ni mise en concurrence avec le titulaire du marché initial lorsque :

- **pour les marchés de fournitures**, le changement de fournisseur obligerait l'Autorité contractante à acquérir un matériel de technique différente entraînant une incompatibilité avec le matériel déjà acquis. Il s'agit alors de renouveler partiellement des fournitures ou des installations d'usage courant ou encore de procéder à l'extension d'installations existantes ;
- **pour les marchés de services et de travaux**, il s'agit de recourir à des prestations qui ne figuraient pas dans le marché initialement conclu, mais qui sont devenues nécessaires à l'exécution du service ou à la réalisation de l'ouvrage décrit dans le marché initial à la suite d'une circonstance imprévue.

Il faut que ces prestations complémentaires puissent être séparées techniquement ou économiquement du marché principal sans inconvénient majeur pour l'Autorité contractante. Le cas échéant, elles doivent être strictement nécessaires au parfait achèvement du marché. Pour respecter le parallélisme des formes, les montants cumulés des marchés complémentaires ne devraient pas dépasser 30% du montant du marché initial.

8.4.1 Risques des marchés complémentaires.

Comme tous les cas de procédure sans concurrence ni publicité cette procédure est en elle-même à risque : elle peut être utilisée à mauvais escient et donc être en contradiction avec l'obligation générale de publicité et de concurrence qui régit la commande publique.

Le risque spécifique est de passer sous la forme de « marchés complémentaires » des marchés qui sont en réalité « similaires ». Le risque principal est qu'il s'agisse non de compléments imposés par des circonstances imprévues, mais de prestations qui peuvent être susceptibles de remettre en cause l'équilibre de la procédure donc ne répondant pas à la définition des « marchés complémentaires ».

8.5 VÉRIFICATION DES MARCHÉS DE TRAVAUX.

Les marchés publics de travaux sont les marchés conclus avec des entrepreneurs, qui ont pour objet l'exécution d'un ouvrage ou de travaux de bâtiment ou de génie civil répondant à des besoins précisés par l'Autorité contractante qui en exerce la maîtrise d'ouvrage. Un ouvrage est le résultat d'un ensemble de travaux de bâtiment ou de génie civil destinés à remplir par lui-même une fonction économique ou technique.

8.5.1.1 Les Points de vigilance

Les points de vigilance des marchés de travaux sont spécifiques sur de nombreux points qui méritent que l'on s'y attarde :

- la sous-traitance, les dispositions réglementaires sont particulièrement contraignantes concernant le formalisme de l'agrément des sous-traitants et de leurs conditions de paiement. Le paiement direct des sous-traitants est une spécificité des marchés publics ;
- la cotraitance (entrepreneurs groupés) est courante et doit respecter le formalisme des textes réglementaires (convention de groupement, conjoint ou solidaire, désignation d'un mandataire, etc.) ;
- la notion d'opération ;
- le cahier des clauses administratives applicable aux marchés de travaux ;
- la possibilité de prescrire par acte unilatéral (ordre service ou décision de poursuivre) des modifications, y compris concernant l'augmentation ou la diminution de la masse des travaux, sans avenant, contrairement au droit commun ou pour les autres natures de marchés publics ;
- des obligations relatives à la protection de la main-d'œuvre et des conditions de travail, à la confidentialité et à la sécurité. Des obligations relatives aux prix, à leur contenu ainsi qu'à la rémunération du titulaire et des sous-traitants, ou encore les modalités de règlement des décomptes ;
- des stipulations particulières concernant les pertes et avaries éventuelles, les prolongations de délais, les pénalités, les primes ou retenues ou encore les garanties. Il en va de même pour ce qui concerne la qualité des matériaux et produits, l'application des normes, les vérifications qualitatives des matériaux, la gestion des déchets, l'enlèvement des matériels et matériaux. ;
- les cahiers de clauses techniques générales et spécifiques applicables aux marchés de travaux de génie civil.

8.5.2 Les risques relatifs aux marchés de travaux

Les risques sont plus nombreux que pour les autres types de marchés publics, car aux risques communs liés au respect des règles de publicité et au respect des procédures au regard des règles de transparence et d'égalité de traitement, s'ajoutent de nombreux risques découlant des spécificités sus évoquées.

Les enjeux et impacts financiers, économiques et juridiques sont en outre généralement très importants compte tenu du montant des opérations et des ouvrages concernés. Il est possible de relever :

- **au niveau de la sous-traitance**, les cas où les titulaires de marchés de travaux et de génie civil font « par type de construction » du fait des corps de métiers différents, recours à un usage important de la sous-traitance. Les manquements et risques associés les plus courants concernent :
    - l'acceptation tacite par défaut alors que l'Autorité contractante doit donner son agrément, non seulement, pour les sous-traitants, mais également pour leurs conditions de paiement. Deux points importants sont récurrents : le premier concerne le paiement direct des sous-traitants ; le second, les conditions de paiement elles-mêmes.
    - l'absence de droit au paiement direct du sous-traitant, n'impose pas au titulaire du marché de répercuter dans le contrat de sous-traitance (appelé aussi « sous-traité ») les conditions qui lui sont consenties au titre du contrat principal.

Un risque associé fréquent concerne la non-modification de l'exemplaire unique remis à la notification du marché et qu'il doit être restitué et modifié pour tenir compte de la minoration du montant du marché revenant au titulaire, il en est de même de l'exemplaire délivré, au sous-traitant admis, au paiement direct.

A défaut, une même créance pourrait être délivrée deux fois à titre de garantie auprès d'un établissement bancaire ou financier. Le seul moyen d'obtenir la preuve de la valeur absolue de la sous-traitance et du respect de la loi relative au paiement direct est pour l'Autorité contractante d'exiger une copie du contrat de sous-traitance.

- **au niveau de la cotraitance** avec des risques d'irrégularités susceptibles d'entacher la procédure et le choix des titulaires ou de générer des difficultés lors de l'exécution des marchés de travaux découlent d'obligations ou d'interdictions non respectées, y compris par l'Autorité contractante. Les principales obligations et interdictions concernent :
    - le choix entre des entrepreneurs groupés ou solidaires avec les conséquences qui en découlent ;
    - la désignation d'un mandataire, ce dernier pouvant être solidaire pour ses obligations contractuelles ;
    - la constitution d'un acte d'engagement unique dans les deux cas ;

- l'interdiction faite à un même opérateur économique d'être mandataire de plusieurs groupements ;
- l'interdiction de modifier la composition du groupement en cours de procédure, sauf exception ;
- la possibilité, sous réserve que cela soit spécifié, d'interdire à un même opérateur économique de pouvoir établir plusieurs offres en qualité de candidat individuel et de membre d'un ou plusieurs groupements ;

8.5.3 <u>Les risques liés à certaines spécificités des marchés de travaux</u>

Outre ceux qui découlent du non-respect de la notion d'opération pour la détermination de certains seuils, ou par un non-allotissement qui ne serait pas justifié, il existe de nombreux risques susceptibles de mettre en cause l'Autorité contractante voire la responsabilité des agents publics eux-mêmes, ainsi que la qualité des ouvrages.

Une attention particulière doit être apportée aux stipulations contractuelles, mais plus encore aux obligations qui résultent de dispositions législatives voire de conventions internationales.

Ces dispositions quelque peu sensibles ont trait à :

- la protection de la main-d'œuvre et des conditions de travail ;
- l'assurance décennale ;
- les prix, le règlement des comptes, la rémunération du titulaire et des sous-traitants ;
- les constatations contradictoires ;
- le règlement du prix des prestations supplémentaires ;
- l'augmentation ou la diminution du montant des travaux ;
- les changements dans l'importance des natures d'ouvrage.

Les modalités de vérification qualitative, de réception, de détermination des pénalités primes et retenues, ainsi que de garantie sont également spécifiques.

L'application de toutes ces clauses contractuelles comporte des risques y compris pour l'Autorité contractante, d'autant que c'est elle qui les impose.

Deux domaines particuliers sont souvent l'objet d'irrégularité, de la part l'Autorité contractante dans les marchés de travaux, il s'agit d'une part des remises de pénalités et de la qualité des signataires des nombreux actes pris durant l'exécution des marchés, d'autre part.

Concernant les remises de pénalités, elles doivent être appréciées non seulement après instruction formelle systématique d'un dossier de pénalité, mais surtout toute remise partielle ou totale doit être étayée et justifiée par la démonstration de l'absence de préjudice du fait du retard.

A défaut, la responsabilité pécuniaire du représentant l'Autorité contractante sera recherchée, le cas échéant par la Cour des comptes dans le cadre de ses contrôles a posteriori.

Concernant les actes pris en exécution du marché, la seule personne habilitée est le représentant de l'Autorité contractante, qu'il s'agisse des décisions de poursuivre, de l'augmentation ou de la diminution des montants, des actes spéciaux, des décisions relatives aux retards, réceptions, ajournements, réfactions, résiliations, etc., a fortiori pour les avenants.

Néanmoins dans le cadre d'un marché particulier, le signataire du contrat peut prévoir une délégation à certains agents que le marché mentionne, en vue de les autoriser à signer certains actes subséquents, le cas échéant avec une limite, délégation limitée aux seuls actes cités.

8.5.3.1 <u>Points de contrôle</u>

La démarche d'audit d'un marché de travaux n'est pas différente de celle d'autres marchés, elle trouve à s'appliquer toutefois dans le contexte de marchés souvent importants et complexes portant sur des prestations très techniques. Les points de contrôle habituels relatifs à la passation pourront être précisés ou complétés sur les éléments suivants :

a. <u>Analyse des étapes préalables à la consultation</u>

La vérification du contenu et du périmètre du marché au regard de la notion d'opération est un point important notamment du fait des conséquences que cela peut avoir sur le choix de la procédure de passation.

b. <u>Analyse du dossier de consultation</u>

En cohérence avec les risques spécifiques identifiés supra, l'audit doit mettre l'accent sur les pièces particulières (Cahier des Clauses administratives particulières et Cahier des Clauses techniques particulières) qui peuvent préciser les modalités d'application de certaines dispositions du Cahier des Clauses administratives générales et du Cahier des Clauses techniques générales, mais aussi y déroger, avec d'éventuelles conséquences en cas de contentieux dans l'exécution.

L'audit des règles relatives à la sous-traitance et à la cotraitance a une importance particulière :

- absence de sous-traitance intégrale ;
- respect des textes réglementaires relatifs
- à la cotraitance ;
- vérification de l'acceptation expresse des sous-traitants ;
- vérification du paiement direct des sous-traitants ;
- existence d'un acte spécial en cas de sous-traitance intervenant en cours de marché ;

c. <u>L'audit de l'exécution du marché est spécifique</u>

Un audit de l'exécution est nécessaire au moins pour comprendre les évolutions de la vie du marché. La qualité du suivi de l'évolution du montant du marché durant son exécution conditionne la régularité des décisions qui s'imposaient (avenant ou décision de poursuivre), un contrôle de leur régularité doit être réalisé.

Dans les deux cas, l'avenant ou une décision de poursuivre ne peuvent bouleverser l'économie du contrat ni en changer l'objet. A cet égard, la régularité de ces deux actes s'appréciera en effet au regard notamment de l'évolution du montant du marché qu'ils entraînent. Il est nécessaire de vérifier qu'il n'y a pas eu de dérive dans les travaux du fait d'aléas de chantier.

De nombreuses difficultés résultent de la déficience du coordonnateur de chantier. Il est utile de vérifier, même a posteriori, que le choix fait après l'appel à candidatures était pertinent (les références sur des expériences déjà menées et leur taille financière et surtout sur la couverture financière en matière d'assurance. Des surprises sont courantes sur ce dernier aspect.

Cela amène à auditer non seulement les avenants comme dans un marché ordinaire, mais aussi le respect des règles du Cahier des Clauses administratives générales encadrant les actes unilatéraux constitués par les décisions de poursuivre (Autorité contractante) ou plus souvent des ordres de service (son maître d'œuvre).

Ces possibilités sont encadrées notamment en montant et peuvent ouvrir droit à indemnité pour les entreprises contractantes. L'auditeur, en particulier, vérifiera la qualité des signataires des actes pris en exécution du marché, la signature par des agents non habilités n'étant pas rare

8.6 RÉDACTION DU RAPPORT D'AUDIT DES MARCHÉS

8.6.1 Le projet de rapport d'audit des marchés.

La rédaction du projet de rapport d'audit des marchés se fait à la fin de la phase terrain. L'auditeur se base sur les différentes « FRAP » et autres papiers de travail, pour rédiger son rapport provisoire de mission d'audit des marchés. Le projet de rapport n'est pas le rapport final en raison de :

- l'absence de validation générale : les observations constatées par les auditeurs n'ont pas été validées officiellement par les audités. Elles ne peuvent être considérées comme définitives ;
- l'absence de réponse des audités aux recommandations : chaque recommandation émise doit faire l'objet d'une réponse de l'audité ;

Le projet de rapport peut se présenter sous deux formes distinctes : soit un simple relevé des « FRAP » classées de façon logique et par ordre d'importance ne présentant aucun effort de rédaction, d'introduction, de synthèse et de conclusion ; soit selon le format du rapport final.

8.6.2 Le rapport d'audit final des marchés.

Le rapport d'audit final des marchés ne peut être rédigé que lorsque les audités ont remis leurs commentaires écrits, si prévus lors de la réunion de validation. Le rapport d'audit a deux objectifs distincts :

- il s'agit d'un document d'information pour la hiérarchie. L'audit donne à celle-ci une assurance sur la maîtrise du domaine audité. Le document à fournir reprend clairement une identification des risques relevés et indique les mesures à prendre ;
- il s'agit d'un outil de travail pour les audités. C'est à partir du Rapport que l'audité prend les mesures correctrices. Pour ce faire, le document doit reprendre l'analyse et le détail des constats et des observations ainsi que des recommandations précises.

8.6.2.1 Principes généraux du rapport d'audit des marchés.

Le rapport doit être complet, constructif, objectif et clair, concis, utile et le plus convaincant possible. Même en cas de conclusions positives, un rapport doit être rédigé.

Le rapport ne doit contenir que des éléments qui ont été présentés aux responsables audités. Le responsable de l'Audit assume personnellement toutes les conséquences des travaux de ses subordonnés. Le Rapport d'audit ne doit pas constituer une surprise pour les audités.

La réunion de synthèse dite encore réunion de clôture est un moment fort de toute mission d'audit. Il s'agit pour les auditeurs de présenter leurs conclusions et recommandations qui en découlent auprès des personnes concernées. C'est à cette fin que la réunion de validation et de clôture est organisée. Le rapport doit être structuré pour les différents lecteurs et contient au minimum :

1. **le sommaire** qui expose d'une façon très brève les objectifs de l'audit, les principales constatations et les recommandations.
2. **les objectifs et l'étendue de la mission**, on y indique les objectifs de l'audit et la période concernée ;
3. **les résultats de la mission d'audit**, l'auditeur veillera principalement à y faire figurer les écarts constatés pour chaque segment des procédures de passation, d'exécution et de conservation des marchés. Pour chaque écart, l'information suivante est indiquée :

   a) **Constatation** : l'énoncé du constat ;

   b) **Recommandations :** elles sont faites par l'auditeur en fonction des différents résultats, l'auditeur s'attachera à rappeler les règles fixées par le Code des marchés ou les règles du Bailleur.

   L'auditeur devra par ailleurs s'inspirer des clauses des Cahiers des clauses administratives générales (CCAG), Cahiers des clauses administratives particulières (CCAP), Cahiers des clauses techniques générales (CCTG), Cahiers des clauses techniques particulières (CCTP) et autres documents contractuels pour étayer son argumentaire. Sur certains aspects liés à l'exécution financière, un rappel du circuit de la dépense publique pourra être effectué.

   c) **Commentaires de l'audité** : l'audité peut être en accord ou non avec l'auditeur à propos de l'écart constaté ou de la recommandation formulée. Il peut aussi choisir de ne pas formuler de commentaire sur l'écart constaté.
4. **Remarques générales** de l'auditeur concernant le mandat d'audit. Il y notera aussi la coopération, ou non, de l'entité auditée.
5. **Approbation de l'audité** sanctionnée par la signature du rapport par les responsables de l'entité auditée. En signant le rapport, ils confirment les commentaires formulés sur le travail de l'auditeur.

**** ***

ANNEXES

AUDIT OPÉRATIONNEL DES MARCHÉS

**** ***

POPULATION DE MARCHÉS PASSÉS AU COURS D'UNE PÉRIODE & ÉCHANTILLON PASSE EN REVUE

**** ***

ANNEXE I

POPULATION ET ÉCHANTILLON
MARCHÉS DE TRAVAUX, DE FOURNITURES, DE SERVICES PHYSIQUES ET PRESTATIONS INTELLECTUELLES

Nom de l'Autorité contractante :................................	Adresse complète....................................

APPROCHE STATISTIQUE ÉCHANTILLON EN FONCTION DE LA TAILLE DE LA POPULATION

RÉCAPITULATIF MARCHÉS PASSES AU TITRE DE LA REVUE DE L'ANNEE.....				
1. MARCHÉS DE TRAVAUX, DE FOURNITURES, DE SERVICES PHYSIQUES				
PROCÉDURES DE PASSATION DE MARCHÉS	POPULATION		ÉCHANTILLON	
	Nombre	Montant	Nombre	Montant
Demande de Renseignements et de Prix simple (DRPS)				
Travaux				
Fournitures				
Services physiques				
Demande de Renseignements et de Prix restreinte (DRPR)				
Travaux				
Fournitures				
Services physiques				
Demande de Renseignements à compétition ouverte (DRPCO)				
Travaux				
Fournitures				
Services physiques				
Appel d'offres ouvert (AOO)				
Travaux				
Fournitures				
Services physiques				
Appel d'offres restreint (AOR)				
Travaux				
Fournitures				
Services physiques				
Procédures dérivées de l'Appel d'offres ouvert				
Travaux				

Fournitures				
Services physiques				
Entente directe (ED)				
Travaux				
Fournitures				
Services physiques				
2. PRESTATIONS INTELLECTUELLES (PI)				
Sélection Qualité-coût				
Petits contrats au temps passé				
Petits contrats au forfait				
Contrats au temps passé				
Contrats au forfait				
Sélection sur la base de la qualité technique seule				
Petits contrats au temps passé				
Petits contrats au forfait				
Contrats au temps passé				
Contrats au forfait				
Sélection sur la base d'un Budget prédéterminé				
Petits contrats au temps passé				
Petits contrats au forfait				
Contrats au temps passé				
Contrats au forfait				
Sélection sur la base de la meilleure proposition financière				
Petits contrats au temps passé				
Petits contrats au forfait				
Contrats au temps passé				
Contrats au forfait				
Total (1+2)				

**** ***

REVUE DES PROCÉDURES

★★★★ ★★★

PROCÉDURES SIMPLIFIÉES

**** ***

ANNEXE II

ANALYSE PASSATION & EXÉCUTION MARCHÉS

PAR DEMANDE DE RENSEIGNEMENTS ET DE PRIX

Catégorie : T - F- SP – PI (*encadrer la catégorie)*	**N° immatriculation:.............** *(par cellule des marchés)*	**Date : / /**
Nom, objet et montant du marché :		
Nom du titulaire :	**Adresse complète :**	

N°	Processus concernés	Constats et commentaires	Appréciations
	1. PLAN DE PASSATION DE MARCHÉS		
1.1	Le marché est-il mentionné dans le PPM transmis et approuvé par la Direction du Contrôle des marchés publics ? Si oui indiquer le numéro inscription au PPM		
1.2	Le marché est-il mentionné dans l'AGPM, publié par l'Autorité contractante avant le 31 janvier		
1.3	Y'a-t-il sur la période d'autres marchés qui portent sur le même objet ou sur des acquisitions identiques ?		
1.4	Quel est le montant du marché passé ?		
1.5	Quel est le montant estimé du marché dans le PPM ?		
1.6	Indiquer le pourcentage du montant estimé dans le PPM/ Montant du marché passé pour mesurer la satisfaction du besoin		
1.7	Y a-t-il adéquation entre la procédure indiquée dans le PPM et la procédure utilisée ?		
DEMANDE DE RENSEIGNEMENTS ET DE PRIX RESTREINT			
	2. REVUE DU DOSSIER DE MISE EN CONCURRENCE		
	Choix de la procédure		
2.1	La procédure déroulée est –elle la même que celle du PPM ? Indiquer la procédure déroulée.		
2.2	La procédure choisie est-elle en adéquation avec les seuils de passation réglementaires ?		
	Contenu du Dossier de consultation		
2.3	Le besoin est-il clairement exprimé en termes techniques ou descriptifs ?		
	3. DÉROULEMENT DE LA PROCÉDURE		
	Publicité de la mise en concurrence		
3.1	La DRP a-t-elle fait l'objet de publicité spécifique ?		
3.2	La liste restreinte des candidats pressentis est-elle composée d'au moins 5 candidats ?		
3.3	Existe-t-il un mémo explicatif sur le choix des 5 candidats présélectionnés ?		
3.4	Les cinq candidats ont-ils effectivement reçu la lettre d'invitation à la même date ?		
3.5	Y'a-t-il les preuves pour la réception de ces lettres d'invitation (copie déchargée, cahier de transmission, accusé de réception, etc.)		
3.6	Le délai accordé pour le dépôt des offres est-il suffisant eu égard aux dispositions réglementaires ?		
	Ouverture des plis		
3.7	Vérifier la commission ayant procédé à l'ouverture des plis (les membres de la commission doivent être ceux nommés officiellement pour cette tâche)		
3.8	Le respect coïncidence entre date limite de dépôt des offres et date d'ouverture des plis est-il effectif ?		

3.9	Quel est le nombre d'offres reçues ?		
3.10	Les offres reçues proviennent-elles des candidats qui avaient été invités à déposer une offre ? Les offres sont-elles archivées ?		
3.11	Un procès-verbal d'ouverture des plis a-t-il été dressé ?		
	Comité d'évaluation et de clôture ouverture des plis		
3.12	Une commission d'évaluation a-t-elle été désignée de manière formelle ?		
	Évaluation des offres et proposition d'attribution provisoire		
	Évaluation des offres		
3.13	Le Comité technique désigné lors de la séance d'ouverture des offres a-t-il siégé ?		
3.14	A-t-on utilisé les critères d'attribution prévus dans le dossier de consultation ?		
3.15	Vérifier le nombre de marchés attribué à cet opérateur au cours la période, toutes catégories confondues.		
	Attribution du marché		
3.16	Le marché a-t-il été attribué à l'offre conforme évaluée la moins disant ? Sinon vérifier les raisons.		
3.17	Les avis sur le contrôle a priori ou a posteriori sur l'évaluation des offres par la Cellule de passation des marchés ont-ils été obtenus ?		
3.18	Les candidats évincés ont-ils été informés ?		
	4. REVUE DU MARCHÉ		
4.1	La DRP a-t-elle fait l'objet de contrat ou de bon de commande ?		
4.2	Indiquer la date du contrat ou du bon de commande et les délais d'exécution ou de livraison.		
	Approbation et notification du marché		
4.3	Vérifier la conformité, des contrôles et avis de la CMP sur le marché		
4.5	Le marché a-t-il été approuvé par la Personne responsable du marché ?		
4.6	Y a-t-il une notification écrite du marché approuvé avec décharge du titulaire ?		
4.7	Comparer la date de notification avec celle du premier bon de commande ou ordre de service (pour voir s'il ne s'agit pas de marché régularisé.)		
	5. Exécution du marché		
	Exécution des prestations		
5.1	Y a-t-il eu des ordres de service ou Bon de commande pour démarrer les prestations ?		
5.2	Le montant du (des) bon(s) de commande signé (s) est-il ou sont-ils conforme (s) à celui du procès-verbal d'attribution ?		
	Réception des prestations		
5.3	Les livrables ont-ils été totalement fournis et sont-ils conformes aux attentes, des prestations ?		
5.4	Y a-t-il une commission de réception formellement désignée ou un seul réceptionnaire. ?		
5.5	La réception effective des fournitures, travaux ou prestations est matérialisée par un PV de réception ou autre document ? (préciser les dates)		
5.6	Dans le cas du réceptionnaire seul, n'y a-t-il pas d'incompatibilité avec la fonction de ce dernier		
5.7	Vérifier la conformité de la procédure de réception notamment le respect des séquences numériques.		

	Paiements -		
5.8	Une avance forfaitaire de démarrage a-t-elle été consentie ? Quel est son pourcentage par rapport au montant total du marché ?		
5.9	Les paiements effectués sont –ils conformes aux factures préalablement acceptées ?		
5.10	Quels sont les moyens de paiement (chèque, virement ?		
	Compétitivité des prix		
5.11	Les prix du marché, sont-ils compétitifs ?		
5.12	Les prix du contrat ou Bon de commande sont-ils plus élevés que les prix pratiqués sur le marché ? Si oui : quelles sont les sources de vérification ? Quelles peuvent en être les explications ?		
	Recours et litiges -		
5.13	L'exécution du marché a-t-elle fait l'objet de litiges ?		
5.14	Comment ont été traités ces recours et litiges ?		
	Matérialité de l'exécution des prestations		
5.15	Vérifier si possible l'existence physique des fournitures, travaux ou services objet de la DRP		
5.16	Indiquer les violations éventuelles à la réglementation constatées pendant la passation et l'exécution du marché		
	6. Conservation des documents		
6.1	Le Dossier examiné est-il bien visible dans le classement physique et dans le classement numérique.		
6.2	Le classement physique est-il fait avec des supports et matériel approprié ?		
6.3	La Cellule de passation des marchés a-t-elle un classement autonome en dehors de celui du service initiateur du marché ?		
	7. Conclusion Appréciation globale sur la passation et l'exécution du marché		
7.1	Retracer toutes les anomalies et points de non – conformité		
7.2	Opinion sur les procédures de passation et d'exécution de ce marché		

**** ***

ANNEXE III

ANALYSE PASSATION & EXÉCUTION MARCHÉS

DEMANDE DE RENSEIGNEMENTS ET DE PRIX A COMPÉTITION OUVERTE

Catégorie : T - F- SP – PI (*encadrer la catégorie*)	**N° immatriculation:............** *(par cellule des marchés)*	**Date : / /**
Nom, objet et montant du marché :		
Nom du titulaire :	**Adresse complète :**	

N°	Processus concernés	Constats et commentaires	Appréciations
	1. PLAN DE PASSATION DE MARCHÉS		
1.1	Le marché est-il mentionné dans le PPM transmis et approuvé par la Direction du Contrôle des marchés publics ? Si oui, indiquer le numéro inscription dans le PPM		
1.2	Le marché est-il mentionné dans l'AGPM, publié par l'Autorité contractante avant le 31 janvier		
1.3	Y'a-t-il sur la période d'autres marchés qui portent sur le même objet ou sur des acquisitions identiques ?		
1.4	Quel est le montant du marché passé ?		
1.5	Quel est le montant estimé du marché dans le PPM ?		
1.6	Indiquer pourcentage du montant estimé dans le PPM/ Montant du marché pour satisfaction besoin		
1.7	Y a-t-il adéquation entre la procédure indiquée dans le PPM et la procédure utilisée ?		
	PROCÉDURE DE DEMANDE DE RENSEIGNEMENTS ET DE PRIX À COMPÉTITION OUVERTE		
	2. REVUE DU DOSSIER DE MISE EN CONCURRENCE		
	Choix de la procédure		
2.1	La procédure déroulée est –elle la même que celle du PPM ? Le cas échéant, indiquer la procédure déroulée.		
2.2	La procédure choisie est-elle en adéquation avec les seuils de passation réglementaires ?		
	Contenu du Dossier de consultation		
	Instructions aux Candidats et Données particulières		
2.1	Contenu des Instructions aux Candidats (IC) est-il conforme à celui du dossier types correspondant.		
2.2	Toutes les clauses des Données particulières renvoient-elles à des clauses des IC.		
2.3	Les indications des Données particulières du Dossier de consultation sont-elles applicables ?		
	Clauses techniques		
2.5	Les spécifications techniques sont-elles neutres ?		
	Les spécifications techniques permettent-elles permet de déterminer précisément la nature de la prestation à réaliser et satisfaire les besoins ?		
	Évaluation et qualification		
2.6	Les critères d'évaluation et de qualification ne sont-ils pas orientés ?		
2.7	Le système d'évaluation est-il approprié ?		
	Le contrat de marché		
2.8	Les clauses des CCAG et CCAP sont-elles conformes au modèle dans le Dossier type correspondant ?		

2.9	Les clauses minimales dans un contrat de marché, ont-elles été prises en compte ?		
2.10	L'avis sur le contrôle de la DRPCO a-t-il été obtenu ?		
	3. DÉROULEMENT DE LA PROCÉDURE		
	Publicité de la mise en concurrence		
3.1	Les moyens de publicité utilisés sont-ils en adéquation avec la réglementation ?		
3.2	Les délais de publication ont-ils été bien appliqués ; sont-ils en adéquation avec la durée accordée pour la préparation des offres ?		
	Modifications et clarifications du Dossier de consultation		
3.3	Y a-t-il eu des modifications substantielles dans le Dossier de consultation ? si oui un nouveau délai a-t-il été accordé.		
3.4	Quel est le moyen utilisé pour informer les candidats par rapport aux modifications apportées au dossier de consultation.		
3.5	Y'a-t-il eu des demandes de clarifications de la part des candidats		
3.6	Si oui tous les candidats ayant retiré la Dossier de consultation ont-ils reçu des réponses fournies ?		
3.7	La règle du dernier tiers pour les demandes de clarifications et les réponses a-t-elle été observée ?		
3.2	**Ouverture des plis**		
3.7	Vérifier la commission ayant procédé à l'ouverture des plis (les membres de la commission doivent être ceux nommés officiellement pour cette tâche)		
3.8	Le respect entre la date limite de dépôt des offres et la date d'ouverture des plis est-il effectif ?		
3.9	L'ouverture des offres a-t-elle été conforme à la réglementation (séance publique, rejet des offres en retard, lecture des offres à haute voix et établissement d'un procès-verbal)		
3.10	Un procès-verbal d'ouverture des plis a-t-il été dressé ?		
	Désignation du Comité d'évaluation		
3.12	Une commission d'évaluation a-t-elle été désignée de manière formelle ?		
	Évaluation des offres et proposition d'attribution provisoire		
	Évaluation des offres		
3.13	Le Comité indiqué à l'ouverture des offres a-t-il siégé ?		
3.14	A-t-on utilisé les critères d'attribution prévus dans le dossier de consultation ?		
3.15	Vérifier si des ne sont pas marchés attribués à cet opérateur sur la période toutes catégories confondues.		
	Attribution du marché		
3.16	Le marché a-t-il été attribué à l'offre conforme évaluée la moins disant ? Sinon vérifier les raisons.		
3.17	Les avis sur le contrôle a priori ou a posteriori sur l'évaluation des offres par la Cellule de passation des marchés ont-ils été obtenus ?		
3.18	Les candidats évincés ont-ils été informés ?		
	4. REVUE DU MARCHÉ		
4.1	La DRP a-t-elle fait l'objet de contrat ou de bon de commande ?		
4.2	Indiquer la date du contrat ou du bon de commande et les délais d'exécution ou de livraison.		

	Approbation et notification du marché		
4.3	Vérifier la conformité, des contrôles et avis de la CMP sur le marché		
4.5	Le marché a-t-il été approuvé par la Personne responsable du marché ?		
4.6	Y a-t-il une notification écrite du marché approuvé avec décharge du titulaire ?		
4.7	Comparer la date de notification avec celle du premier bon de commande ou ordre de service (pour voir s'il ne s'agit pas de marché régularisé.)		
	5. Exécution du marché		
	Exécution des prestations		
5.1	Y a-t-il eu des ordres de service ou Bon de commande pour démarrer les prestations ?		
5.2	Le montant du (des) bon(s) de commande signé (s) est-il ou sont-ils conforme (s) à celui du procès-verbal d'attribution ?		
	Réception des prestations		
5.3	Les livrables ont-ils été totalement fournis et sont-ils conformes aux attentes, des prestations ?		
5.4	Y a-t-il une commission de réception formellement désignée ou un seul réceptionnaire. ?		
5.5	La réception effective des fournitures, travaux ou prestations est matérialisée par un PV de réception ou autres documents ? (préciser les dates).		
5.6	Dans le cas du réceptionnaire seul, n'y a-t-il pas d'incompatibilité avec la fonction de ce dernier.		
5.7	Vérifier la conformité de la procédure de réception notamment le respect des séquences numériques		
	Paiements -		
5.8	Une avance forfaitaire de démarrage a-t-elle été consentie ? Quel est son pourcentage par rapport au montant total du marché ?		
5.9	Les paiements effectués sont-ils conformes et aux factures préalablement acceptées ?		
5.10	Quels sont les moyens de paiement ?		
	Recours et litiges -		
5.11	L'exécution du marché a-t-elle fait l'objet de litiges ?		
5.12	Comment ont été traités ces recours et litiges ?		
	Matérialité de l'exécution des prestations		
5.13	Vérifier si possible l'existence physique des fournitures, travaux ou services objet de la DRP		
5.14	Indiquer les violations éventuelles à la réglementation constatées à la passation et l'exécution du marché.		
	6. Conservation des documents		
6.1	Le Dossier examiné est-il bien visible dans le classement physique et /ou numérique.		
6.2	Le classement physique est-il fait avec des supports et matériel appropriés ?		
6.3	La Cellule de passation des marchés a-t-elle un classement autonome en dehors de celui du service initiateur du marché ?		
	7. Conclusion Appréciation globale sur la passation et l'exécution du marché		
7.1	Retracer toutes les anomalies et points de non – conformité		
7.2	Opinion sur les procédures de passation et d'exécution de ce marché		

PROCÉDURES D'APPEL D'OFFRES

**** ***

PRE-QUALIFICATION
**** ***

ANNEXE IV

TRAVAUX, FOURNITURES & SERVICES PHYSIQUES

PRE QUALIFICATION DES CANDIDATS

QUESTIONNAIRES D'AUDIT AUPRÈS DES AUTORITÉS CONTRACTANTES

Catégorie : T - F- SP – PI (*encadrer la catégorie)*	**N° immatriculation:............** *(par cellule des marchés)*	**Date : / /**
Nom, objet et montant du marché :		
Nom du titulaire :	**Adresse complète :**	

N°	Processus concernés	Constats et commentaires	Appréciations
	1. PLAN DE PASSATION DE MARCHÉS		
1.1	Le marché est-il mentionné dans le PPM transmis et approuvé par la Direction du Contrôle des marchés publics? Si oui indiquer le numéro inscription au PPM		
1.2	Le marché est-il mentionné dans l'avis général de passation de marchés, publié par l'Autorité contractante avant le 31 janvier		
1.3	Y'a-t-il sur la période d'autres marchés qui porte sur le même objet ou des sur de acquisitions identiques ?		
1.4	Quel est le montant du marché passé ?		
1.5	Quel est le montant estimé du marché dans PPM ?		
1.6	Indiquer le pourcentage du montant estimé dans le PPM/ Montant du marché passé pour mesurer la satisfaction du besoin		
1.7	Y a-t-il adéquation entre la procédure indiquée dans le PPM et la procédure utilisée ?		
	APPEL D'OFFRES AVEC PRÉQUALIFICATION		
	2. Critères de qualification en Préqualification		
2.1	L'Autorité contractante a-t-elle formulé des critères pour la préqualification des candidats relatifs à :		
2.2	• le statut légal des candidats		
2.3	• l'expérience générale des candidats		
2.4	• l'expérience particulière des candidats		
2.5	• obligations ou engagements des candidats		
2.6	• les moyens en personnel des candidats		
2.7	• les moyens matériels des candidats		
2.8	• la capacité technique des candidats		
2.9	• la situation financière des candidats		
	3. Déroulement de la procédure de préqualification		
	Préparation d'un Dossier de préqualification		
3.1	L'Autorité contractante a-t-elle établi un Dossier d'Appel à candidatures sur la base d'éléments relatifs aux critères de qualification ?		
3.2	les Candidats sont-ils invités à se préqualifier pour chaque marché spécifique séparément, ou pour un ensemble de marchés ?		
3.3	Les Candidats sont-ils préqualifiés pour une limite donnée, par valeur cumulée ou par nombre de marchés.		
3.4	L'Autorité contractante a-t-elle soumis pour avis, le Dossier de préqualification finalisé, à la Direction du Contrôle des marchés publics ?		
3.5	les avis sur le contrôle a priori sur le Dossier de préqualification ont-ils été obtenus ?		
3.6	Suite à l'avis de la Direction du Contrôle des marchés		

	publics l'Autorité contractante a-t-elle publié un avis de préqualification ?		
3.7	Le délai de présentation des dossiers est-il suffisant au regard des dispositions réglementaires ?		
3.8	le dossier de préqualification est-il gratuit ?		
	Eclaircissements sur le Dossier préqualification		
3.9	A t'il été tenu une réunion d'éclaircissements du Dossier de préqualification ?		
3.10	Y a-t-il eu des demandes d'éclaircissements écrites ?		
3.11	Les éléments de réponses ont-ils été portés à l'ensemble des candidats ?		
	Amendement des documents de préqualification		
3.12	L'Autorité contractante a-t-elle modifié, les conditions ou la procédure de préqualification ?		
3.13	Les amendements ont-ils été soumis à la Direction du Contrôle des marchés publics pour avis avant la saisine des Candidats ?		
3.14	Quel est le nombre de candidatures reçu à la date limite de dépôt des dossiers ?		
3.15	Quel est le traitement réservé aux candidatures hors délais ?		
3.16	Est-il établi un procès-verbal pour les candidatures reçues dans les délais impartis ?		
	Le rapport de la préqualification		
3.17	A-t-on élaboré un rapport au regard des critères de qualification préalablement définis ?		
3.18	Tous les Candidats remplissant les conditions requises ont-ils été retenus ?		
3.19	Y a-t-il des candidatures rejetées si oui quels sont les motifs de rejet. Ces motifs sont-ils clairement exposés dans le rapport de préqualification ?		
3.20	Le rapport d'analyse des candidatures est-il soumis à la Direction du Contrôle des marchés publics ?		
3.21	La Direction du Contrôle des marchés publics a-t-elle émis un avis de «Non-objection» sur l'évaluation ?		
3.22	Suite à la non-objection de la Direction du Contrôle des marchés publics a-t-on envoyé une lettre d'information à l'ensemble des Candidats avec la liste complète des entreprises ou sociétés qualifiées ?		
3.23	Les résultats de la préqualification ont-ils été publiés ? Nom du support et la date de parution.		
3.24	La pré qualification a-t-elle immédiatement été suivie des appels d'offres envisagées ?		
3.25	Sinon les dossiers de candidatures ont-ils été actualisés avant le lancement des appels d'offres auxquels ils se rapportent ?		
3.26	Quel est le temps d'attente pour les candidatures avant le lancement des appels pour lesquels les candidatures avaient été appelées ?		
3.27	En cas de renouvellement de la préqualification au-delà de 12 mois a-t-on recueilli l'avis de la Direction du Contrôle des marchés publics pour la relance afin de recueillir de nouveaux Candidats?		

★★★★ ★★★

ANNEXE V

TRAVAUX, FOURNITURES & SERVICES PHYSIQUES

APPEL D'OFFRES OUVERT ET PROCÉDURES DÉRIVÉES

QUESTIONNAIRES D'AUDIT AUPRÈS DES AUTORITÉS CONTRACTANTES

Catégorie : T - F- SP – PI (*encadrer la catégorie)*	**N° immatriculation:.............** *(par cellule des marchés)*	**Date : / /**
Nom, objet et montant du marché :		
Nom du titulaire :	**Adresse complète :**	

N°	Processus concernés	Constats et commentaires	Appréciations
	1. PLAN DE PASSATION DE MARCHÉS		
1.1	Le marché est-il mentionné dans le PPM transmis et approuvé par la Direction du Contrôle des marchés publics ? Si oui indiquer le numéro inscription au PPM		
1.2	Le marché est-il mentionné dans l'avis général de passation de marchés, publié par l'Autorité contractante avant le 31 janvier		
1.3	Y'a-t-il sur la période d'autres marchés qui portent sur le même objet ou des acquisitions identiques ?		
1.4	Quel est le montant du marché passé ?		
1.5	Quel est le montant du marché dans le PPM ?		
1.6	Indiquer le pourcentage du montant estimé dans le PPM/ Montant du marché passé pour mesurer la satisfaction du besoin		
1.7	Y a-t-il adéquation entre la procédure indiquée dans le PPM et la procédure utilisée ?		
	PROCÉDURE D'APPEL D'OFFRES OUVERT		
	2. REVUE DU DOSSIER DE MISE EN CONCURRENCE		
	Choix de la procédure		
2.1	La procédure déroulée est –elle la même que celle du PPM ? le cas contraire indiquer la procédure.		
2.2	La procédure choisie est-elle en adéquation avec les seuils de passation réglementaires ?		
2.3	Quel est le nombre de lot retenu pour la consultation ?		
2.4	Cet allotissement est-il pertinent ?		
	Contenu du Dossier de consultation		
	Instructions aux Candidats et Données particulières		
2.5	Contenu des Instructions aux Candidats (IC) est-il conforme à celui du dossier types correspondant.		
2.6	Toutes les clauses des Données particulières renvoient-elles à de clauses des IC		
2.7	Les indications fournies dans les DP du Dossier de consultation sont-ils applicables ?		
2.8	La garantie de soumission est-elle exprimée en valeur absolue (dans la limite du pourcentage autorisé par rapport au montant estimatif du marché) et sa durée de validité		

	Clauses techniques		
2.9	Les spécifications techniques sont-elles neutres ?		
2.10	Les spécifications techniques permettent-elles de déterminer précisément la nature de la prestation à réaliser pour satisfaire les besoins ?		
	Évaluation et qualification		
2.11	Les critères d'évaluation et de qualification ne sont-elles pas orientées ?		
2.12	Le système d'évaluation est-il approprié ?		
2.13	**Le contrat de marché**		
2.14	Les clauses contenues dans les CCAG et les CCAP sont-elles conformes au modèle dans le Dossier type correspondant ?		
2.15	Les clauses minimales dans un contrat de marché, ont-elles été prises en compte ?		
2.16	Les avis sur le contrôle a priori ou a posteriori sur les dossiers d'appel à la concurrence des structures de contrôle ont-ils été obtenus ?		
	3. DÉROULEMENT DE LA PROCÉDURE		
	Publicité de la mise en concurrence		
3.1	Les moyens de publicité utilisés sont-ils en adéquation avec la réglementation ?		
3.2	Les délais de publication ont-ils été bien appliqués ; sont-ils en adéquation avec la durée accordée pour la préparation des offres ?		
	Modifications et éclaircissements du Dossier de consultation		
3.3	Y a-t-il eu des modifications substantielles dans le Dossier de consultation ? si oui un nouveau délai a-t-il été accordé.		
3.4	Quel est le moyen utilisé pour informer les candidats par rapport aux modifications apportées au dossier de consultation.		
3.5	Y'a-t-il eu des demandes d'éclaircissements de la part des candidats		
3.6	Si oui les candidats ayant retiré le DAO sont-ils informés des réponses fournies ?		
3.7	La règle du dernier tiers pour les demandes d'éclaircissements a-t-elle été observée ?		
	Ouverture des plis		
3.8	Vérifier la commission ayant procédé à l'ouverture des plis (les membres de la commission doivent être ceux nommés officiellement pour cette tâche)		
3.9	Le respect entre la date limite de dépôt des offres et celle d'ouverture des plis est-il effectif ?		
3.10	L'ouverture des offres a-t-elle été conforme à la réglementation (séance publique, rejet des offres en retard, lecture des offres à haute voix et établissement d'un procès-verbal)		
	Cotraitance		
3.11	Y a-t-il eu des offres en cotraitance ?		
3.12	Si oui, indiquer le choix (conjoint ou solidaire)		
3.13	Y a-t-il un mandataire ?		
	Comité d'évaluation et clôture ouverture des plis		
3.14	Une commission d'évaluation a-t-elle été désignée de manière formelle ?		

3.15	Le PV d'ouverture des offres a-t-il été transmis aux soumissionnaires (références des documents attestation de la transmission)		
	Évaluation des offres et proposition d'attribution provisoire		
	Évaluation des offres		
3.16	Le Comité indiqué à l'ouverture des offres a-t-il siégé ?		
3.17	L'évaluation a-t-elle été faite exclusivement sur la base des critères consignés dans le DAO ?		
3.18	Quel est le traitement réservé aux offres présentant des prix aberrants (offre de 30% et plus, moins chère que les autres offres)		
3.19	Le Candidat en première position a-t-il produit les attestations fiscales et sociales exigées pour candidater à un marché public		
3.20	L'évaluation des offres a-t-elle été faite dans les délais impartis par la réglementation ?		
3.21	La Commission a-t-elle validé le rapport d'évaluation des offres ?		
3.22	Nombre de marchés attribué à cet opérateur.		
	Attribution du marché		
3.23	Le marché a-t-il été attribué à l'offre conforme évaluée moins disant ?		
3.24	Les avis sur le contrôle a priori ou a posteriori sur l'évaluation des offres par les structures de contrôle ont-ils été obtenus ?		
3.25	Les candidats évincés ont-ils été informés ?		
3.26	L'attribution provisoire a-t-elle fait l'objet d'une publication ? les supports de publication		
3.27	Vérifier la conformité des mentions de l'avis d'attribution provisoire		
3.28	Les termes des négociations et les résultats, si ce processus est requis, sont-ils consignés dans un PV signé des deux parties ?		
	4. SIGNATURE, APPROBATION ET NOTIFICATION DU MARCHÉ		
4.1	Le marché signé est-il conforme au projet contenu dans le DAO ?		
4.2	Le montant du contrat signé est-il conforme à celui du procès-verbal d'attribution ?		
4.3	Conformité des signatures et titre du signataire à la soumission et à la conclusion.		
4.4	Le marché a-t-il été approuvé par l'autorité compétente ?		
4.5	Le délai de 10 jours requis entre la publication de l'attribution provisoire et la soumission à l'approbation a-t-il été respecté ?		
4.6	Quels ont été les délais observés pour l'approbation ? (délai entre date de soumission à l'approbation et date de soumission effective)		
4.7	Vérifier la conformité à la législation, des contrôles et avis de la Direction du Contrôle des marchés publics sur le marché		
4.8	Y a-t-il une notification écrite du marché approuvé avec décharge du titulaire ?		
4.9	Comparer la date de notification avec celle du premier bon de commande ou ordre de service (pour voir s'il ne s'agit pas de marché régularisé.)		

	Publication de l'attribution définitive		
4.10	L'attribution définitive a-t-elle fait l'objet de publication ? Les supports de publication ?		
4.11	Vérifier la conformité des mentions de l'avis d'attribution définitive		
	5. EXÉCUTION DU MARCHÉ		
	Les garanties		
5.1	La garantie de bonne exécution a-t-elle été fournie ?		
5.2	La garantie de restitution de l'avance forfaitaire est-elle fournie ?		
	Exécution des prestations		
5.3	Y a-t-il eu des ordres de service ou Bon de commande pour démarrer les prestations ?		
5.4	L'avance a-t-elle été récupérée conformément aux dispositions du marché ?		
5.5	**Pour les marchés de travaux**		
5.6	Y a-t-il eu des retenues de garantie pour les marchés de travaux ?		
5.7	Y a-t-il eu augmentation ou diminution de la masse des travaux ?		
5.8	Une partie du marché a-t-elle été sous-traitée ? Si oui quel est le montant de la sous-traitance ?		
5.9	Le montant sous-traité entre-t-il dans la proportion réglementaire autorisée ?		
5.10	Les modalités de paiement du sous-traitant ont-elles été acceptées ?		
	Réception des prestations		
5.11	Les réceptions ont-elles été effectuées conformément à la réglementation :		
5.12	Les livrables sont-ils conformes aux attentes, des prestations ? Ou ont-ils été non (ou partiellement) réalisés ?		
5.13	Y a-t-il une commission de réception formellement désignée ou un seul réceptionnaire. ?		
5.14	PV de réception ou autres documents attestant de la réception (préciser les dates)		
5.15	Dans le cas du réceptionnaire seul, n'y a-t-il pas d'incompatibilité avec la fonction de ce dernier		
5.16	Vérifier la conformité de la procédure de réception notamment le respect des séquences numériques		
5.17	Les livraisons et réceptions ont-elles été faites dans les délais prévus ?		
5.18	Si les délais de réalisations des prestations sont dépassés, a-t-on appliqué des pénalités de retard ?		
5.19	En cas de non-application des pénalités, alors qu'un retard dans la livraison est constaté, y a-t-il un argumentaire pour la remise des pénalités		
	Modifications du marché		
5.20	Y' a-t-il eu des Avenants au marché initial ?		
5.21	Y a-t-il eu une actualisation ou variations de prix ?		
5.22	Si oui les indices sont-ils appliqués correctement ?		
5.23	Y'a-t-il eu des ajournements, ou suspensions lors de l'exécution si oui quelles en sont les causes ?		

	Paiements -		
5.24	Une avance forfaitaire de démarrage a-t-elle été consentie ? Quel est son pourcentage par rapport au montant total du marché ?		
5.26	Les paiements effectués sont-ils conformes aux factures ou aux décomptes de travaux préalablement acceptés ?		
5.27	Quels sont les moyens de paiement (chèque, virement, crédit documentaire ?		
	Recours et litiges -		
5.28	La procédure de passation a-t-elle fait l'objet de recours ?		
5.29	Si oui, quels sont les griefs soulevés par les requérants ?		
5.30	les requérants connaissent-ils les règles prévues en matière de procédure de recours		
5.31	L'exécution a-t-elle fait l'objet de litiges ? -		
5.32	Comment ont été traités ces recours et ces litiges		
	Matérialité de l'exécution des prestations		
5.33	Vérifier si possible l'existence physique des fournitures, travaux ou services		
5.34	Indiquer les violations éventuelles à la réglementation constatées pendant la passation et l'exécution du marché		
	6. CONSERVATION DES DOCUMENTS		
6.1	Existe-t-il un système de classement physique avec les supports et matériel approprié ?		
6.2	Décrire l'état du classement		
6.3	Existe-t-il un système de classement numérisé ?		
	7. CONCLUSION APPRÉCIATION GLOBALE SUR LA PASSATION ET L'EXÉCUTION DU MARCHÉ		
7.1	Retracer toutes les anomalies et points de non – conformité		
7.2	Opinion sur la procédure de passation et d'exécution du marché		

★★★★ ★★★

ANNEXE VI

TRAVAUX, FOURNITURES & SERVICES PHYSIQUES

APPEL D'OFFRES RESTREINT

QUESTIONNAIRE D'AUDIT AUPRÈS DES AUTORITÉS CONTRACTANTES

Catégorie : T - F- SP – PI (*encadrer la catégorie)*	**N° immatriculation:.............** *(par cellule des marchés)*	**Date : / /**
Nom, objet et montant du marché :		
Nom du titulaire :	**Adresse complète :**	

N°	Processus concernés	Constats et commentaires	Appréciations
	1. PLAN DE PASSATION DE MARCHÉS		
1.1	Le marché est-il mentionné dans le PPM transmis et approuvé par la Direction du Contrôle des marchés publics ? Si oui indiquer le numéro inscription au PPM		
1.2	Le marché est-il mentionné dans l'AGPM		
1.3	Y'a-t-il sur la période d'autres marchés qui porte sur le même objet ou des sur des acquisitions identiques ?		
1.4	Quel est le montant du marché passé ?		
1.5	Quel est le montant estimé du marché dans le PPM ?		
1.6	Indiquer pourcentage montant estimé PPM/ Montant marché passé pour degré satisfaction du besoin		
1.7	Y a-t-il adéquation entre la procédure indiquée dans le PPM et la procédure utilisée ?		
	PROCÉDURE D'APPEL D'OFFRES RESTREINT		
	2. REVUE DU DOSSIER DE MISE EN CONCURRENCE		
	Choix de la procédure		
2.1	La procédure déroulée est –elle la même que celle du PPM ? Le cas échéant, indiquer la procédure déroulée.		
2.2	Y a-t-il urgence ou une autre spécificité pour utiliser une telle procédure ?		
2.3	La liste restreinte des candidats pressentis est-elle composée d'au moins 5 candidats ?		
2.4	Existe-t-il un mémo explicatif sur le choix des 5 candidats présélectionnés ?		
2.5	La procédure d'Appel d'offres restreint et la liste des candidats ont-elles fait l'objet d'un avis de la Direction du Contrôle des marchés publics ?		
2.6	Autorisation Direction du Contrôle des marchés publics est-elle dans les pièces du marché ?		
	Contenu du Dossier de consultation		
	Instructions aux Candidats et Données particulières		
2.7	Contenu des Instructions aux Candidats (IC) est-il conforme à celui du dossier types correspondant.		
2.8	Toutes les clauses des Données particulières renvoient-elles à de clauses des IC		
2.9	Les indications fournies dans les Données particulières du Dossier de consultation sont-ils applicables ?		
2.10	La garantie de soumission est-elle exprimée en valeur absolue (dans la limite du pourcentage autorisé par rapport au montant estimatif du marché) et sa validité		
	Clauses techniques		
2.11	Les spécifications techniques sont-elles neutres ?		
2.12	Les spécifications techniques permettent-elles de déterminer précisément la nature de la prestation à réaliser et satisfaire les besoins ?		

	Évaluation et qualification		
2.13	Les critères d'évaluation et de qualification ne sont-elles pas orientées ?		
2.14	Le système d'évaluation est-il approprié ?		
	Le contrat de marché		
2.15	Les clauses contenues dans les CCAG et les CCAP sont-elles conformes au modèle dans le Dossier type correspondant ?		
2.16	Les clauses minimales dans un contrat de marché, ont-elles été prises en compte ?		
2.17	les avis sur le contrôle a priori ou a posteriori sur les dossiers d'appel à la concurrence des structures de contrôle ont-ils été obtenus ?		
	3. DÉROULEMENT DE LA PROCÉDURE		
	Publicité de la mise en concurrence		
3.1	Suite à l'avis favorable de la Direction du Contrôle des marchés publics sur la teneur de la liste restreinte, le DAO est adressé aux Candidats sélectionnés ?		
3.2	Y'a-t-il les preuves pour la réception DAO (copie déchargée, cahier de transmission, accusé de réception, etc.) par les candidats retenus ?		
3.3	Le délai de dépôt des offres ne peut être inférieur à 30 jours à compter de la date de la réception, par les Candidats, du dossier de consultation ?		
	Modifications et éclaircissements du Dossier de consultation		
3.4	Y a-t-il eu des modifications substantielles dans le Dossier de consultation ? si oui un nouveau délai a-t-il été accordé.		
3.5	Quel est le moyen utilisé pour informer les candidats par rapport aux modifications apportées au dossier de consultation.		
3.6	Y'a-t-il eu des demandes d'éclaircissements de la part des candidats		
3.7	Si oui les candidats ayant retiré le Dossier de consultation sont-ils informés des réponses fournies ?		
3.8	La règle du dernier tiers pour les demandes d'éclaircissements a-t-elle été observée ?		
	Ouverture des plis		
3.9	Vérifier la commission ayant procédé à l'ouverture des plis (les membres de la commission doivent être ceux nommés officiellement pour cette tâche)		
3.10	Le respect de la coïncidence entre la date limite de dépôt des offres et celle d'ouverture des plis est-il effectif ?		
3.11	L'ouverture des offres a-t-elle été conforme à la réglementation (séance publique, rejet des offres en retard, et établissement d'un procès-verbal)		
	Cotraitance		
3.12	Y a-t-il eu des offres en cotraitance ?		
3.13	Si oui, indiquer le choix (conjoint ou solidaire)		
3.14	Y a-t-il un mandataire ?		
	Comité d'évaluation et de clôture ouverture des plis		
3.15	Une commission d'évaluation a-t-elle été désignée de manière formelle ?		
3.16	Le PV d'ouverture des offres a-t-il été transmis aux soumissionnaires (références des documents attestation de la transmission)		
	Évaluation des offres et proposition d'attribution provisoire		

	Évaluation des offres		
3.17	Le Comité indiqué à l'ouverture des offres a-t-il siégé ?		
3.18	L'évaluation a-t-elle été faite exclusivement sur la base des critères consignés dans le DAO ?		
3.19	Quel est le traitement réservé aux offres présentant des prix aberrants (offre de 30% et plus, moins chère que les autres offres)		
3.20	Le Candidat en pôle position a produit les attestations fiscales et sociales pour candidater à un marché public		
3.21	L'évaluation des offres a-t-elle été faite dans les délais impartis par la réglementation ?		
3.22	La Commission a-t-elle validé le rapport d'évaluation des offres ?		
3.23	Nombre de marchés attribué à cet opérateur.		
	Attribution du marché		
3.24	Le marché a-t-il été attribué à l'offre conforme évaluée la moins disant ?		
3.25	Les avis sur le contrôle a priori ou a posteriori sur l'évaluation des offres par les structures de contrôle ont-ils été obtenus ?		
3.26	Les candidats évincés ont-ils été informés ?		
3.27	L'attribution provisoire a-t-elle fait l'objet d'une publication ? Quels ont été les supports de publication ?		
3.28	Vérifier la conformité des mentions de l'avis d'attribution provisoire		
3.25	Les termes des négociations et les résultats, si ce processus est requis, sont-ils consignés dans un PV signé des deux parties ?		
	4. SIGNATURE, APPROBATION ET NOTIFICATION DU MARCHÉ		
4.1	Le marché signé est-il conforme au projet contenu dans le DAO ?		
4.2	Le montant du contrat signé est-il conforme à celui du procès-verbal d'attribution ?		
4.3	Conformité des signatures et titre du signataire à la soumission et à la conclusion.		
4.4	Le marché est-t-il approuvé par l'autorité compétente		
4.5	Le délai de 15 jours requis entre la publication de l'attribution provisoire et la soumission à l'approbation a-t-il été respecté ?		
4.6	Quels ont été les délais observés pour l'approbation ?		
4.7	Vérifier la conformité à la législation, des contrôles et avis de la Direction du Contrôle des marchés publics sur le marché		
4.8	Y a-t-il une notification écrite du marché approuvé avec décharge du titulaire ?		
4.9	Comparer la date de notification avec celle du premier bon de commande ou ordre de service (pour voir s'il ne s'agit pas de marché régularisé.)		
	Publication de l'attribution définitive		
4.10	L'attribution définitive a-t-elle fait l'objet de publication ? quels ont été les supports de publication.		
4.11	Vérifier la conformité des mentions de l'avis d'attribution définitive		
	5. EXÉCUTION DU MARCHÉ		

	Les garanties		
5.1	La garantie de bonne exécution a-t-elle été fournie ?		
5.2	La garantie de restitution de l'avance est-elle fournie ?		
	Exécution des prestations		
5.3	Y a-t-il eu des ordres de service ou Bon de commande pour démarrer les prestations ?		
5.4	L'avance a-t-elle été récupérée conformément aux dispositions du marché ?		
5.5	**Pour les marchés de travaux**		
5.6	Y a-t-il eu des retenues de garantie pour les marchés de travaux ?		
5.7	Y a-t-il eu augmentation ou diminution de la masse des travaux ?		
5.8	Une partie du marché a-t-elle été sous-traitée ? si oui quel est le montant de la sous-traitance ?		
5.9	Le montant sous-traité entre-t-il dans la proportion réglementaire autorisée ?		
5.10	Les modalités de paiement du sous-traitant ont-elles été acceptées ?		
	Réception des prestations		
5.11	Les réceptions ont-elles été effectuées conformément à la réglementation :		
5.12	Les livrables sont-ils conformes aux attentes, des prestations ? Ou ont-ils été non (ou partiellement) réalisés ?		
5.13	Y a-t-il une commission de réception formellement désignée ou un seul réceptionnaire. ?		
5.14	PV de réception ou autres documents attestant de la réception (préciser les dates)		
5.15	Dans le cas du réceptionnaire seul, n'y a-t-il pas d'incompatibilité avec la fonction de ce dernier		
5.16	Vérifier la conformité de la procédure de réception notamment le respect des séquences numériques		
5.17	Les livraisons et réceptions ont-elles été faites dans les délais prévus ?		
5.18	Si les délais de réalisations des prestations sont dépassés, a-t-on appliqué des pénalités de retard ?		
5.19	En cas de non-application des pénalités, alors qu'un retard dans la livraison est constaté, y a-t-il un argumentaire pour la remise des pénalités		
	Modifications du marché		
5.20	Y' a-t-il eu des Avenants au marché initial ?		
5.21	Y a-t-il eu une actualisation ou des variations de prix ?		
5.22	Si oui les indices sont-ils appliqués correctement ?		
5.23	Y'a-t-il eu des ajournements, ou suspensions lors de l'exécution si oui quelles en sont les causes ?		
	Paiements -		
5.24	Une avance forfaitaire de démarrage a-t-elle été consentie ? Quel est son pourcentage par rapport au montant total du marché ?		
5.26	Les paiements effectués sont-ils conformes aux factures ou aux décomptes de travaux préalablement acceptés ?		
5.27	Quels sont les moyens de paiement (chèque, virement, crédit documentaire ?		
	Recours et litiges -		
5.28	La procédure de passation a-t-elle fait l'objet de recours		

5.29	Si oui, quels sont les griefs soulevés par les requérants ?		
5.30	les requérants connaissent-ils les règles prévues en matière de procédure de recours		
5.31	L'exécution a-t-elle fait l'objet de litiges ? -		
5.32	Comment ont été traités ces recours et ces litiges		
	Matérialité de l'exécution des prestations		
5.33	Vérifier si possible l'existence physique des fournitures, travaux ou services		
5.34	Indiquer les violations éventuelles à la réglementation constatées pendant la passation et l'exécution du marché		
6. CONSERVATION DES DOCUMENTS			
6.1	Existe-t-il un système de classement physique avec les supports et matériel approprié ?		
6.2	Décrire l'état du classement		
6.3	Existe-t-il un système de classement numérisé ?		
7. APPRÉCIATION GLOBALE SUR LA PASSATION ET L'EXÉCUTION DU MARCHÉ			
7.1	Retracer toutes les anomalies et points de non – conformité		
7.2	Opinion sur la procédure de passation et d'exécution du marché		

**** ***

ANNEXE VII

TRAVAUX, FOURNITURES & SERVICES PHYSIQUES

ENTENTE DIRECTE

QUESTIONNAIRE D'AUDIT AUPRÈS DES AUTORITÉS CONTRACTANTES

Catégorie : T - F- SP – PI (*encadrer la catégorie)*	**N° immatriculation:............** *(par cellule des marchés)*	**Date : / /**
Nom, objet et montant du marché :		
Nom du titulaire :	**Adresse complète :**	

N°	Processus concernés	Constats et commentaires	Appréciations
	1. PLAN DE PASSATION DE MARCHÉS		
1.1	Le marché est-il mentionné dans le PPM transmis et approuvé par la Direction du Contrôle des marchés publics ? Si oui indiquer le numéro inscription		
1.2	Le marché est-il mentionné dans l'AGPM, publié par l'Autorité contractante avant le 31 janvier		
1.3	Y'a-t-il sur la période d'autres marchés qui portent sur le même objet ou sur des prestations identiques ?		
1.	Quel est le montant du marché passé ?		
1.5	Quel est le montant estimé du marché dans le PPM ?		
1.6	Indiquer pourcentage montant estimé PPM/ Montant marché passé pour degré satisfaction du besoin		
1.7	Y a-t-il adéquation entre la procédure indiquée dans le PPM et la procédure utilisée ?		
	PROCÉDURE D'ENTENTE DIRECTE		
	2. REVUE DU DOSSIER D'ENTENTE DIRECTE		
	Choix de la procédure		
2.1	La procédure déroulée est –elle la même que celle du PPM ? Le cas échéant, indiquer la procédure déroulée.		
2.2	Vérification des justificatifs ; laquelle des 3 conditions d'éligibilité figurant au Code des marchés publics a été invoquée pour cette procédure ?		
2.3	L'Autorité contractante a-t-elle fait une estimation du budget pour la satisfaction de son besoin ?		
2.4	Candidat pressenti a-t-il déposé une offre ou une proposition qui a fait l'objet de négociations et d'un accord avec l'Autorité contractante ?		
2.5	L'Autorité contractante a-t-elle sollicité une demande d'autorisation à la Direction du Contrôle des marchés publics pour passer le marché par Entente directe ?		
2.6	L'autorisation de la Direction du Contrôle des marchés publics pour la procédure d'entente directe est-elle dans les pièces du marché ?		
	Contenu du Dossier d'entente directe		
	Instructions aux Candidats et Données particulières		
2.7	Contenu des Instructions au Candidat unique est-il conforme à celui du dossier types correspondant.		
2.8	Toutes les clauses des Données particulières renvoient-elles à des clauses des IC		
2.9	Les indications fournies dans les Données particulières du Dossier d'entente directe sont-elles suffisamment explicites ?		
	Clauses techniques		
2.10	Les spécifications techniques permettent-elles de déterminer précisément la nature de la prestation à réaliser et satisfaire les besoins ?		

	Évaluation et qualification		
2.11	Les critères d'évaluation et de qualification ne sont-elles pas orientées ?		
2.12	Le système d'évaluation est-il approprié ?		
	Le projet de contrat de marché		
2.13	Les clauses contenues dans les CCAG et les CCAP sont-elles conformes au modèle dans le Dossier type correspondant ?		
2.14	Les clauses minimales dans un contrat de marché, ont-elles été prises en compte ?		
2.15	Les avis sur le contrôle a priori ou a posteriori sur les dossiers d'appel à la concurrence des structures de contrôle ont-ils été obtenus ?		
	3. DÉROULEMENT DE LA PROCÉDURE		
	Publicité de la mise en concurrence		
3.1	Suite à l'avis favorable de la Direction du Contrôle des marchés publics sur l'Entente directe, le Dossier agrée permettant à l'unique candidat de finaliser une offre lui a-t-il été adressée ?		
3.2	Y'a-t-il les preuves pour la réception du dossier (copie déchargée, cahier de transmission, accusé de réception, etc.) par le seul candidat retenu ?		
3.3	Le délai de dépôt, de l'unique offre, ne peut être inférieur à 15 jours à compter de la date de la réception du dossier d'entente directe ?		
	Modifications et éclaircissements du Dossier de consultation		
3.4	Y a-t-il eu des modifications substantielles dans le dossier d'entente directe ? si oui un nouveau délai a-t-il été accordé à l'unique candidat ?		
	Ouverture des plis		
3.5	Vérifier si la commission des marchés a procédé à l'ouverture de l'unique pli reçu		
3.6	A-t-on établi un procès-verbal d'ouverture du seul pli déposé ?		
	Comité d'évaluation et clôture des plis		
3.7	Une commission d'évaluation a-t-elle été désignée de manière formelle ?		
	Évaluation des offres et proposition d'attribution provisoire		
	Évaluation des offres		
3.8	Le Comité indiqué à l'ouverture des offres a-t-il siégé pour : vérifier la qualité de l'offre ; la compétitivité des prix ; l'inclusion effective de dispositions claires et suffisamment détaillées permettant le contrôle effectif des coûts de revient ; les garanties requises sont prises en compte ?		
3.9	La Commission a-t-elle validé le rapport d'évaluation des offres ?		
3.10	La Direction du Contrôle des marchés publics a-t-elle été saisie sur le rapport d'analyse et sur l'attribution du marché pour procéder à l'examen juridique et technique de l'offre ?		
	Attribution du marché		
3.11	L'avis sur le contrôle a priori ou a posteriori sur l'évaluation de l'unique offre par les structures de contrôle a-t-il été obtenu ?		
3.12	Les candidats évincés ont-ils été informés ?		
3.13	L'attribution provisoire a-t-elle fait l'objet d'une publication ? Quels ont été les supports de publication.		

3.14	Vérifier la conformité des mentions de l'avis d'attribution provisoire		
3.15	Les termes des négociations et les résultats, si ce processus est requis, sont-ils consignés dans un PV signé des deux parties ?		
4. SIGNATURE, APPROBATION ET NOTIFICATION DU MARCHÉ			
4.1	Le marché signé est-il conforme au projet contenu dans le DAO ?		
4.2	Le montant du contrat signé est-il conforme à celui du procès-verbal d'attribution ?		
4.3	Conformité des signatures et titre du signataire à la soumission et à la conclusion.		
4.4	Le marché a-t-il été approuvé par l'autorité compétente ?		
4.5	Le délai de 10 jours requis entre la publication de l'attribution provisoire et la soumission à l'approbation a-t-il été respecté ?		
4.6	Y a-t-il une notification écrite du marché approuvé avec décharge du titulaire ?		
4.7	Comparer la date de notification avec celle du premier bon de commande ou ordre de service (pour voir s'il ne s'agit pas de marché régularisé.)		
	Publication de l'attribution définitive		
4.8	L'attribution définitive a-t-elle fait l'objet de publication ? Quels ont été les supports ?		
4.9	Vérifier la conformité des mentions de l'avis d'attribution définitive		
5. EXÉCUTION DU MARCHÉ			
	Les garanties		
5.1	La garantie de bonne exécution a-t-elle été fournie ?		
5.2	La garantie de restitution de l'avance forfaitaire est-elle fournie ?		
	Exécution des prestations		
5.3	Y a-t-il eu des ordres de service ou Bon de commande pour démarrer les prestations ?		
5.4	L'avance a-t-elle été récupérée conformément aux dispositions du marché ?		
	Pour les marchés de travaux		
5.5	Y a-t-il eu des retenues de garantie pour les marchés de travaux ?		
5.6	Y a-t-il eu augmentation ou diminution de la masse des travaux ?		
5.7	Une partie du marché a-telle été sous-traitée ? si oui quel est le montant de la sous-traitance ?		
5.8	Le montant sous-traité entre-t-il dans la proportion réglementaire autorisée ?		
5.9	Les modalités de paiement du sous-traitant ont-elles été acceptées ?		
	Réception des prestations		
5.10	Les réceptions ont-elles été effectuées conformément à la réglementation :		
5.11	Les livrables sont-ils conformes aux attentes, des prestations ? Ou ont-ils été non (ou partiellement) réalisés ?		
5.12	Y a-t-il une commission de réception formellement désignée ou un seul réceptionnaire. ?		
5.13	PV de réception ou autres documents attestant de la réception (préciser les dates)		

5.14	Dans le cas du réceptionnaire seul, n'y a-t-il pas d'incompatibilité avec la fonction de ce dernier		
5.15	Vérifier la conformité de la procédure de réception notamment le respect des séquences numériques		
5.16	Les livraisons et réceptions ont-elles été faites dans les délais prévus ?		
5.17	Si les délais de réalisations des prestations sont dépassés, a-t-on appliqué des pénalités de retard ?		
5.18	En cas de non-application des pénalités, alors qu'un retard dans la livraison est constaté, y a-t-il un argumentaire pour la remise des pénalités		
	Modifications du marché		
5.19	Y' a-t-il eu des Avenants au marché initial ?		
5.20	Y a-t-il eu une actualisation ou des variations de prix ?		
5.21	Si oui les indices sont-ils appliqués correctement ?		
5.22	Y'a-t-il eu des ajournements, ou suspensions lors de l'exécution si oui quelles en sont les causes ?		
	Paiements -		
5.23	Une avance forfaitaire de démarrage a-t-elle été consentie ? Quel est son pourcentage par rapport au montant total du marché ?		
5.24	Les paiements effectués sont –ils conformes aux factures ou aux décomptes de travaux préalablement acceptés ?		
5.25	Quels sont les moyens de paiement (chèque, virement, crédit documentaire ?		
	Recours et litiges -		
5.26	La procédure de passation a-t-elle fait l'objet de recours ?		
5.28	Si oui, quels sont les griefs soulevés par les requérants?		
5.29	les requérants connaissent-ils les règles prévues en matière de procédure de recours		
5.30	L'exécution a-t-elle fait l'objet de litiges ? -		
5.31	Comment ont été traités ces recours et ces litiges		
	Matérialité de l'exécution des prestations		
5.32	Vérifier si possible l'existence physique des fournitures, travaux ou services		
5.33	Indiquer les violations éventuelles à la réglementation constatées pendant la passation et l'exécution du marché		
	6. CONSERVATION DES DOCUMENTS		
6.1	Existe-t-il un système de classement physique avec les supports et matériel approprié ?		
6.2	Décrire l'état du classement		
6.3	Existe-t-il un système de classement numérisé ?		
	7. CONCLUSION APPRÉCIATION SUR LA PASSATION ET L'EXÉCUTION		
7.1	Retracer toutes les anomalies et points de non – conformité		
7.2	Opinion sur la procédure de passation et d'exécution du marché		

★★★★ ★★★

PRESTATIONS INTELLECTUELLES

**** ***

ANNEXE VIII

PRESTATIONS INTELLECTUELLES

PETITS CONTRATS AU FORFAIT ET PETITS CONTRATS AU TEMPS PASSE

QUESTIONNAIRES D'AUDIT AUPRÈS DES AUTORITÉS CONTRACTANTES

Méthode de passation utilisée *Sigle (SQC-SMPF-SBP-ED)*	**N° immatriculation:.............** *(par cellule des marchés)*	**Date : / /**
Nom, objet et montant du marché :		
Nom du titulaire :	**Adresse complète :**	

N°	Processus concernés	Constats et commentaires	Appréciations
	1. PLAN DE PASSATION DE MARCHÉS		
1.1	Le marché est-il mentionné dans le PPM transmis et approuvé par la Direction du Contrôle des marchés publics ? Si oui indiquer le numéro inscription au PPM		
1.2	Le marché est-il mentionné dans l'AGPM, publié par l'Autorité contractante avant le 31 janvier		
1.3	Y'a-t-il sur la période d'autres marchés qui portent sur le même objet ou sur des prestations identiques ?		
1.	Quel est le montant du marché passé ?		
1.5	Quel est le montant estimé du marché dans le PPM ?		
1.6	Indiquer le pourcentage du montant estimé dans le PPM/ Montant du marché passé pour mesurer la satisfaction du besoin		
1.7	Y a-t-il adéquation entre la procédure indiquée dans le PPM et la procédure utilisée ?		
	PROCÉDURE **PETITS CONTRATS AU FORFAIT OU PETITS CONTRATS AU TEMPS PASSÉ**		
	2. REVUE DU DOSSIER DE MISE EN CONCURRENCE		
	Choix de la procédure		
2.1	La procédure déroulee est –elle la même que celle du PPM ? Le cas échéant, indiquer la procédure déroulée.		
2.2	La procédure choisie est-elle en adéquation avec les seuils de passation réglementaires ?		
	La Demande de manifestation d'intérêt		
2.3	A-t-on publié une Demande à manifestation d'intérêt pour identifier les candidats potentiels ? Comment ont été identifiés les candidats potentiels ?		
2.4	A-t-on établi un rapport de sélection des candidats ?		
2.5	Les critères de sélection ont-ils été basés sur des critères qui se rapportent exclusivement aux capacités juridiques et techniques des candidats ?		
2.6	Le nombre de candidats retenu sur la liste restreinte est-il au moins égal à cinq ?		
2.7	Les candidats retenus sont-ils tous de la même catégorie socioprofessionnelle et de niveaux comparables ?		
	Contenu du Dossier de consultation		
	Instructions aux Candidats et Données particulières		
2.8	Contenu des Instructions aux Candidats (IC) est-il conforme à celui du dossier type correspondant.		
2.9	Toutes les clauses des Données particulières renvoient-elles à de clauses des IC.		
2.10	Les indications fournies dans les Données particulières du Dossier de consultation sont-elles applicables ?		

	Clauses techniques		
2.11	Les termes de références permettent-ils de déterminer précisément la nature de la prestation à réaliser pour satisfaire les besoins exprimés ?		
	Évaluation et qualification		
2.12	Les critères d'évaluation et de qualification ne sont-elles pas orientées ?		
2.13	Le système d'évaluation est-il approprié ?		
	Le contrat de marché		
2.14	Les clauses contenues dans les CCAG et les CCAP sont-elles conformes au modèle dans le Dossier type correspondant ?		
2.15	Les clauses minimales dans un contrat de marché, ont-elles été prises en compte ?		
2.16	L'avis de la CPM sur le contrôle des petits contrats de prestations intellectuelles a-t-il été obtenu ?		
	3. DÉROULEMENT DE LA PROCÉDURE		
	Publicité de la mise en concurrence		
3.1	La lettre d'invitation contient-elle la liste des Candidats invités à soumissionner ?		
3.2	Les délais de publication ont-ils été bien appliqués ; sont-ils en adéquation avec la durée accordée pour la préparation des propositions ?		
	Modifications et clarifications du Dossier de consultation		
3.3	Y a-t-il eu des modifications substantielles dans le Dossier de consultation ? Un nouveau délai a-t-il été accordé ?		
3.5	Y'a-t-il eu des demandes de clarifications de la part des candidats.		
3.6	Si oui tous les candidats ayant retiré la Dossier de consultation sont-ils au courant du contenu de la demande de clarifications et des réponses fournies ?		
3.7	La règle du dernier tiers pour répondre aux demandes de clarifications et les réponses a-t-elle été observée ?		
3.2	**Ouverture des plis**		
3.7	Vérifier la commission ayant procédé à l'ouverture des plis (les membres de la commission doivent être ceux nommés officiellement pour cette tâche)		
3.8	Le respect de la coïncidence entre la date limite de dépôt des propositions et la date d'ouverture des plis est-il effectif ?		
3.9	L'ouverture des propositions a-t-elle été conforme à la réglementation (séance publique, rejet des offres en retard, lecture des propositions à haute voix et établissement d'un procès-verbal)		
3.10	Un procès-verbal d'ouverture des plis a-t-il été dressé ?		
	Comité d'évaluation et clôture des plis		
3.12	Une commission d'évaluation a-t-elle été désignée de manière formelle ?		
	Évaluation des offres et proposition d'attribution provisoire		
	Évaluation des propositions		
3.13	Le Comité indiqué à l'ouverture des propositions a-t-il siégé ?		
3.14	A-t-on utilisé les critères d'évaluation prévus dans le dossier de consultation ?		
3.15	Vérifier le nombre de marchés attribué à cet opérateur au cours la période tous modes de passation confondus.		

	Attribution du marché		
3.16	Le marché a-t-il été attribué au candidat ayant : • Le score le plus élevé après combinaison des notes technique et financière (SQC) ? • la meilleure proposition technique ou qualité technique seule (SQS) ? • la proposition financière est la moins chère (SMPF) ou est au moindre coût (SMC) ? • la meilleure proposition compatible avec le budget prévu (SBP) ou sélection suivant un budget fixe (SBF) ? si attribution faite en dehors de ces méthodes vérifier pour quelles raisons ?		
3.17	Les avis sur le contrôle a priori ou a posteriori sur l'évaluation des offres par la Cellule de passation des marchés ont-ils été obtenus ?		
3.18	Les candidats évincés ont-ils été informés ?		
	4. REVUE DU MARCHÉ		
4.1	Le marché a-t-il fait l'objet de contrat ou de bon de commande ?		
4.2	Indiquer la date du contrat ou du bon de commande et les délais d'exécution ou de livraison		
	Approbation et notification du marché		
4.3	Vérifier la conformité, des contrôles et avis de la CMP sur le marché		
4.5	Le marché a-t-il été approuvé par la Personne responsable du marché ?		
4.6	Y a-t-il une notification écrite du marché approuvé avec décharge du titulaire ?		
4.7	Comparer la date de notification avec celle du premier bon de commande ou ordre de service (pour voir s'il ne s'agit pas de marché régularisé.)		
	5. Exécution du marché		
	Exécution des prestations		
5.1	Y a-t-il eu des ordres de service ou Bon de commande pour démarrer les prestations ?		
	Réception des prestations		
5.3	Les livrables ont-ils été fournis et sont-ils conformes aux attentes, des prestations ?		
5.4	Y a-t-il une commission de réception formellement désignée ou un seul réceptionnaire. ?		
5.5	La réception effective des f prestations est matérialisée par un PV de réception ou autres documents ? (préciser les dates).		
5.6	Y a-t-il eu la nécessité de déposer un rapport provisoire		
5.7	Etait-il nécessaire de valider le rapport provisoire ?		
5.8	Le rapport provisoire a-t-il été validé par le coordonnateur-mission ou un comité de validation ?		
	Paiements -		
5.9	Une avance forfaitaire de démarrage a-t-elle été consentie ? Quel est son pourcentage par rapport au montant total du marché ?		
5.10	Les paiements effectués sont-ils conformes aux factures préalablement acceptées ?		
5.11	Quels sont les moyens de paiement (chèque, virement?		
	Recours et litiges -		
5.12	L'exécution du marché a-t-elle fait l'objet de litiges ?		

5.13	Comment ont été traités ces recours et litiges ?		
	Matérialité de l'exécution des prestations		
5.14	Vérifier si possible l'existence physique des fournitures, travaux ou services objet de la DRP		
	6. Conservation des documents		
6.1	Le Dossier examiné est-il bien visible dans le classement physique et dans le classement numérique.		
6.2	Le classement physique est-il fait avec des supports et matériel approprié ?		
6.3	La Cellule de passation des marchés a-t-elle un classement autonome en dehors de celui du service initiateur du marché ?		
	7. Conclusion Appréciation globale sur la passation et l'exécution du marché		
7.1	Retracer toutes les anomalies et points de non – conformité		
7.2	Opinion sur les procédures de passation et d'exécution de ce marché		

**** ***

ANNEXE IX

PRESTATIONS INTELLECTUELLES

CONTRATS AU FORFAIT ET CONTRATS AU TEMPS PASSE

QUESTIONNAIRE D'AUDIT AUPRÈS DES AUTORITÉS CONTRACTANTES

Méthode de passation utilisée *Sigle (SQC-SMPF-SBP-ED)*	**N° immatriculation:............** *(par cellule des marchés)*	**Date : / /**
Nom, objet et montant du marché :		
Nom du titulaire :	**Adresse complète :**	

N°	Processus concernés	Constats et commentaires	Appréciations
	1. PLAN DE PASSATION DE MARCHÉS		
1.1	Le marché est-il mentionné dans le PPM transmis et approuvé par la Direction du Contrôle des marchés publics ? Si oui indiquer le numéro inscription au PPM		
1.2	Le marché est-il mentionné dans l'AGPM, publié par l'Autorité contractante avant le 31 janvier		
1.3	Y'a-t-il sur la période d'autres marchés qui portent sur le même objet ou sur des prestations identiques ?		
1.	Quel est le montant du marché passé ?		
1.5	Quel est le montant estimé du marché dans le PPM ?		
1.6	Indiquer le pourcentage du montant estimé dans le PPM/ Montant du marché passé pour mesurer la satisfaction du besoin		
1.7	Y a-t-il adéquation entre la procédure indiquée dans le PPM et la procédure utilisée ?		
	PROCÉDURE CONTRAT AU FORFAIT OU CONTRAT AU TEMPS PASSÉ		
	2. REVUE DU DOSSIER DE MISE EN CONCURRENCE		
	Choix de la procédure		
2.1	La procédure déroulée est –elle la même que celle du PPM ? Le cas échéant, indiquer la procédure déroulée.		
2.2	La procédure choisie est-elle en adéquation avec les seuils de passation réglementaires ?		
	La Demande de manifestation d'intérêt		
2.3	A-t-on publié une Demande à manifestation d'intérêt pour identifier les candidats potentiels ? Comment ont été identifiés les candidats potentiels ?		
2.4	A-t-on établi un rapport de sélection des candidats ?		
2.5	Les critères de sélection ont-ils été basés sur des critères qui se rapportent exclusivement aux capacités juridiques et techniques des candidats ?		
2.6	Le nombre de candidats retenu est-il au moins de cinq ?		
2.7	Les candidats retenus sont-ils de la même catégorie socioprofessionnelle et de niveaux comparables ?		
	Contenu du Dossier de consultation		
	Instructions aux Candidats et Données particulières		
2.8	Contenu des Instructions aux Candidats (IC) est-il conforme à celui du dossier type correspondant.		
2.9	Toutes les clauses des Données particulières renvoient-elles à de clauses des IC.		
2.10	Les indications fournies dans les Données particulières du Dossier de consultation sont-ils applicables ?		
	Clauses techniques		
2.11	Les termes de références permettent-ils de déterminer la nature de la prestation pour satisfaire les besoins ?		

2.12	La méthode de passation de marchés de prestations intellectuelles retenue est-elle bien mise en exergue dans les TDRS ?		
2.13	La charge de travail a-t-elle été indiquée en termes d'hommes/mois ou hommes/jours ou exceptionnellement en termes monétaires pour la méthode budget prédéterminé ?		
2.14	Y a-t-il au niveau de l'Autorité contractante quelqu'un pour validité la teneur des termes de références ? Sinon comment sont validés les TDRs ?		
	Évaluation et qualification		
2.15	La grille d'évaluation est-elle dans le dossier de consultation ?		
2.16	Le système d'évaluation est-il approprié ?		
	Le contrat de marché		
2.17	Les clauses contenues dans les CCAG et les CCAP sont-ils conformes au modèle dans le Dossier type correspondant ?		
2.18	Les clauses minimales dans un contrat de marché, ont-elles été prises en compte ?		
	Autorisation de mise en concurrence		
2.19	L'avis de la Direction du Contrôle des marchés publics sur le contrôle avant le lancement des contrats de prestations intellectuelles a-t-il été obtenu ?		
	3. DÉROULEMENT DE LA PROCÉDURE		
	Publicité de la mise en concurrence		
3.1	La lettre d'invitation a-t-elle été envoyée aux seuls candidats sur la liste restreinte ?		
3.2	La lettre d'invitation contient-elle la liste des Candidats invités à soumissionner ?		
3.3	Les délais de publication ont-ils été bien appliqués ; sont-ils en adéquation avec la durée accordée pour la préparation des propositions ?		
	Modifications et clarifications du Dossier de consultation		
3.4	Y a-t-il eu des modifications substantielles dans le Dossier de consultation ? un nouveau délai a-t-il été accordé ?		
3.5	Y'a-t-il eu des demandes de clarifications de la part des candidats.		
3.6	Si oui tous les candidats ayant retiré la Dossier de consultation sont-ils au courant du contenu de la demande de clarifications et des réponses fournies ?		
3.7	La règle du dernier tiers pour répondre aux demandes de clarifications et les réponses a-t-elle été observée ?		
3.2	**Ouverture des plis**		
3.8	Vérifier la commission ayant procédé à l'ouverture des plis (les membres de la commission doivent être ceux nommés officiellement pour cette tâche)		
3.9	Le respect de la coïncidence entre la date limite de dépôt des propositions et leur ouverture, est-il effectif ?		
3.10	L'ouverture des propositions a-t-elle été conforme à la réglementation (séance publique, rejet des offres en retard, lecture des propositions à haute voix)		
3.11	Un procès-verbal d'ouverture des plis a-t-il été dressé ?		
	Comité d'évaluation et clôture de l'ouverture des plis		
3.12	Une commission d'évaluation a-t-elle été désignée de manière formelle ?		

	Évaluation des offres et proposition d'attribution provisoire		
	Évaluation des propositions		
3.13	Le Comité indiqué à l'ouverture des propositions a-t-il siégé ?		
3.14	A-t-on utilisé les critères d'évaluation prévus dans le dossier de consultation ?		
3.15	Vérifier le nombre de marchés attribué à cet opérateur au cours la période tous modes de passation de prestations intellectuelles confondues.		
	Attribution du marché		
3.16	Le marché a-t-il été attribué au candidat qualifié ayant : • le nombre de points le plus élevé au terme de la combinaison des notes techniques et financières (SQC) ? • la meilleure proposition technique ou qualité technique seule (SQS) ? • la proposition financière est la moins chère (SMPF) ou au moindre coût 'SMC) ? • la meilleure proposition compatible avec le budget prévu (SBP) ou Budget fixe (SFB) ? si attribution faite en dehors de ces méthodes vérifier pour quelles raisons ?		
	Validation de l'attribution		
3.17	Les avis sur le contrôle a priori ou a posteriori sur l'évaluation des offres par la Cellule de passation des marchés et de la Direction du Contrôle des marchés publics ont-ils été obtenus ?		
3.18	Les candidats évincés ont-ils été informés des résultats de la consultation ?		
	4. REVUE DU MARCHÉ		
4.1	Le marché a-t-il fait l'objet de contrat ou de bon de commande ?		
4.2	Indiquer la date du contrat ou du bon de commande et les délais d'exécution ou de livraison		
	Approbation et notification du marché		
4.3	Vérifier la conformité, des contrôles et avis de la CMP sur le marché		
4.5	Le marché a-t-il été approuvé par la Personne responsable du marché ?		
4.6	Y a-t-il une notification écrite du marché approuvé avec décharge du titulaire ?		
4.7	Comparer la date de notification avec celle du premier bon de commande ou ordre de service (pour voir s'il ne s'agit pas de marché régularisé.)		
	5. Exécution du marché		
	Exécution des prestations		
5.1	Y a-t-il eu ordres de service pour démarrer prestations ?		
	Réception des prestations		
5.3	Les livrables ont-ils été totalement fournis et sont-ils conformes aux attentes, des prestations ?		
5.5	La réception effective des f prestations est matérialisée par un PV de réception ou autres documents ?		
5.6	Y a-t-il eu la nécessité de déposer un rapport provisoire		
5.7	A t'il été nécessaire de valider les rapports provisoires et définitifs ? Qui a organisé les séances de restitution ?		
5.8	Les rapports provisoire et définitif ont-ils été validés par le coordonnateur de la mission ou par un comité de validation ?		

	Paiements des prestations-		
5.9	Une avance forfaitaire de démarrage a-t-elle été consentie ? quel est son pourcentage vs montant du marché ?		
5.10	Les paiements effectués sont-ils conformes aux modalités et aux factures préalablement acceptées ?		
5.11	Quels sont les moyens de paiement (chèque, virement ?		
	Recours et litiges -		
5.12	L'exécution du marché a-t-elle fait l'objet de litiges ?		
5.13	Comment ont été traités ces recours et litiges ?		
	Matérialité de l'exécution des prestations		
5.14	Vérifier si possible l'existence physique des fournitures, travaux ou services objet de la DRP		
6. Conservation des documents			
6.1	Le Dossier examiné est-il bien visible dans le classement physique et dans le classement numérique.		
6.2	Le classement physique est-il fait avec des supports et matériel approprié ?		
7. Conclusion Appréciation globale sur la passation et l'exécution du marché			
7.1	Retracer toutes les anomalies et points de non – conformité		
7.2	Opinion sur les procédures de passation et d'exécution de ce marché		

★★★★ ★★★

ANNEXE X

ORGANISATION INSTITUTIONNELLE

QUESTIONNAIRE D'AUDIT AUPRÈS DES AUTORITÉS CONTRACTANTES

Autorité contractante :	**Adresse complète :**

N°	Processus concernés	Constats et commentaires	Appréciations
	1. Cellule de passation des marchés		
1.1	Existe-t-il une cellule de passation de marchés, conformément aux dispositions réglementaires ?		
1.2	La Cellule de passation de marchés est-elle sous la tutelle directe de l'organe dirigeant de l'Autorité contractante ?		
1.3	La Cellule de passation de marchés dispose-t-elle effectivement des prérogatives que lui confère la réglementation ?		
1.4	Quels le nombre d'agents en service au sein de la Cellule de passation de marchés ?		
1.5	Les agents de cellule de passation de marchés ont-ils été formés aux tâches pour lesquelles ils sont en fonction ?		
1.6	La composition de la cellule est-elle en adéquation avec les besoins de l'Autorité contractante ?		
1.7	La Cellule de passation des marchés est-elle suffisamment dotée en moyens matériels pour mener convenablement sa mission (copieur, scanner, ordinateurs, matériel d'archivage, etc.)		
1.8	Les relations fonctionnelles entre la Cellule de passation des marchés et la Commission des marchés ont-elles été bien définies et bien comprises ?		
1.9	Est-ce que la Cellule de passation des marchés procède à un examen et une validation, en relation avec la Personne responsable des marchés publics, des spécifications et termes de références avant l'élaboration des Dossiers de consultation ?		
1.10	Est-ce qu'au niveau de l'Autorité contractante, la Cellule de passation des marchés est le passage obligé de tous les Dossiers à soumettre à la Personne responsable des marchés publics ou à la Direction du Contrôle des marchés publics ?		
1.11	Les membres de la Cellule de passation des marchés ont-ils parfois élaboré des DAO ?		
1.12	La cellule produit-elle des rapports trimestriels ?		
1.13	Les appuis de la cellule aux différents services sont-ils effectifs ?		
1.14	L'archivage physique et numérique des documents de marchés par la cellule est-il effectif et exhaustif ?		
1.15	Le plan de classement préconisé par l'ARMP est-il utilisé ? si oui quel est le mode de classement utilisé pour l'opérationnaliser ?		
1.16	Pour l'opérationnalisation du plan d'archivage indiquer le mode utilisé (alphabétique, numérique-alpha numérique, chronologique, thématique ou une combinaison spécifique ; ou autres ?		
1.17	Est-il possible de retrouver un marché archivé dans le quart d'heure qui suit la demande ?		

2. COMMISSION DE PASSATION DE MARCHÉS			
2.1	Existe-t-il une commission de passation des marchés dont les membres sont désignés par l'Autorité contractante (par administrateur de crédits) et confirmés par arrêté du Ministre en charge des Finances pour l'année en cours ?		
2.2	Y a-t-il alternance au niveau de la Présidence de la commission d'une année à l'autre ?		
2.3	Depuis combien d'années les membres actuels sont en service ?		
2.4	Le secrétariat de la commission de passation des marchés est-il systématiquement assuré par les membres de la cellule de passation de marchés ?		
2.5	Pour saisir par écrits des candidats en vue d'obtenir des clarifications, la personne responsable du marché est-elle sollicitée pour la signature et la transmission du courrier initié par le Président de la Commission des marchés publics		
2.6	Le service du courrier de l'autorité contracte est-il mis à contribution dans les opérations de la Commission avec les services extérieurs ?		
2.7	Les membres de la Commission des marchés ont-ils pu bénéficier des indemnités de session prévues		
2.8	Sinon quels sont les problèmes rencontrés et les mesures pour rectifier ?		
3. LA PERSONNE RESPONSABLE DES MARCHÉS			
3.1	La personne responsable est-elle informée par rapport à un marché dès l'entame d'une procédure de passation ?		
3.2	La personne responsable du marché reçoit-elle après la validation de chaque étape du marché, sous forme de mémorandum l'information sur l'état d'avancement du marché ?		
3.3	Y a-t-il y acte administratif de la Personne responsable du marché pour autoriser le lancement d'une procédure ?		
3.4	Est-il arrivé que la Personne responsable des marchés soit réticente à signer un marché ? et quelles en sont les raisons ?		
3.5	Y a-t-il des actes de délégation de signatures pour certaines opérations dans le cadre de la passation ou l'exécution des marchés ?		
	Conclusion		
	Opinion sur l'organisation institutionnelle du Système des marchés publics		

★★★★ ★★★

ANNEXE XI

FEUILLE DE RÉVÉLATION ET D'ANALYSE DE PROBLÈME

<table>
<tr><td>Papier de travail :</td><td>FRAP N° :</td></tr>
<tr><td colspan="2">Fait :</td></tr>
<tr><td colspan="2">Cause :</td></tr>
<tr><td colspan="2">Conséquences :</td></tr>
<tr><td colspan="2">Recommandations ou améliorations proposées :</td></tr>
<tr><td>Cette Feuille de révélation des problèmes (FRAP) est établie par :</td><td>le : / /</td></tr>
<tr><td>Revue par :</td><td>le : / /</td></tr>
<tr><td>Soumise à l'avis de l'audité

Nom :</td><td>le : / /</td></tr>
</table>

**** ***

Structures éditoriales du groupe L'Harmattan

L'Harmattan Italie
Via degli Artisti, 15
10124 Torino
harmattan.italia@gmail.com

L'Harmattan Hongrie
Kossuth l. u. 14-16.
1053 Budapest
harmattan@harmattan.hu

L'Harmattan Sénégal
10 VDN en face Mermoz
BP 45034 Dakar-Fann
senharmattan@gmail.com

L'Harmattan Cameroun
TSINGA/FECAFOOT
BP 11486 Yaoundé
inkoukam@gmail.com

L'Harmattan Burkina Faso
Achille Somé – tengnule@hotmail.fr

L'Harmattan Guinée
Almamya, rue KA 028 OKB Agency
BP 3470 Conakry
harmattanguinee@yahoo.fr

L'Harmattan RDC
185, avenue Nyangwe
Commune de Lingwala – Kinshasa
matangilamusadila@yahoo.fr

L'Harmattan Congo
219, avenue Nelson Mandela
BP 2874 Brazzaville
harmattan.congo@yahoo.fr

L'Harmattan Mali
ACI 2000 - Immeuble Mgr Jean Marie Cisse
Bureau 10
BP 145 Bamako-Mali
mali@harmattan.fr

L'Harmattan Togo
Djidjole – Lomé
Maison Amela
face EPP BATOME
ddamela@aol.com

L'Harmattan Côte d'Ivoire
Résidence Karl – Cité des Arts
Abidjan-Cocody
03 BP 1588 Abidjan
espace_harmattan.ci@hotmail.fr

Nos librairies en France

Librairie internationale
16, rue des Écoles
75005 Paris
librairie.internationale@harmattan.fr
01 40 46 79 11
www.librairieharmattan.com

Librairie des savoirs
21, rue des Écoles
75005 Paris
librairie.sh@harmattan.fr
01 46 34 13 71
www.librairieharmattansh.com

Librairie Le Lucernaire
53, rue Notre-Dame-des-Champs
75006 Paris
librairie@lucernaire.fr
01 42 22 67 13

www.ingramcontent.com/pod-product-compliance
Lightning Source LLC
LaVergne TN
LVHW010937051026
849532LV00003B/1023